Problemzone Universum

Problemzone Universum

Vorhang auf für die

Ich-Vorstellung!

Kruse Verlag

Dittmar Kruse, Lehrcoach und NLP-Trainer,
hat eine psychotherapeutische Praxis in München.

Problemzone Universum
Text und grafische Gestaltung: Dittmar Kruse
Redaktion: Ulla Kruse, Herma Bradtke

www.KruseVerlag.de
ISBN 978-3-940569-06-6

Liebe Teilnehmer des Gesprächskreises,
liebe E-Mail-Schreiber:
Danke! Ohne Euch würde es dieses Buch nicht geben.

(Einige Fragen und Kommentare beziehen sich auf das Buch »Glück ohne Schmied«, aber sie sind auch ohne jedes Vorwissen verständlich.)

Inhaltsverzeichnis

Einleitung 11

Gespräche

eins

Direktes und indirektes Erleben 16
»Ich« und Bewusstsein 18
Was ist der Körper? 21

zwei

Ichlosigkeit – eine Theorie? 23
Bewusstsein und Materie 25
Objektive Wirklichkeit 26
Was existiert wirklich? 27
Wer kann nicht eingreifen? 30

drei

Spiritueller Tatendrang 33
Disziplin 36
Ich bin nicht so weit wie die Erleuchteten 37
Das Erleben eines Anderen 39
Ist da noch etwas? 41
Die Nichts-Vorstellung 49

vier

Vorstellungen über Bewusstheit 51
Muss ich das Nichts verstehen? 57

fünf

Plaudern und Vogelzwitschern 64
Fernsehverbot aufgehoben 65
Dittmars Kurz-Geschichte 66
Freiheit 68
Was wird wiedergeboren? 73
Ich kann dem Leben nicht entkommen 77

sechs

Gestalten geschieht 82
Vorstellungen, die sich verwirklichen 85
Unterschiedliche Sichtweisen 94

sieben

Der Zauberspruch 97
Ichlosigkeit und Wut 100
Täter 105

acht

Widerstand, Leid und Zusammenziehen 112
Wer denkt? 116
In guten wie in schlechten Zeiten 117
Widerstand gegen Widerstand 118
Körperliche Schmerzen 121

neun

Ausdehnen und Zusammenziehen 123
Hoffnung, Klarheit und die große Liebe 124
Natürliche Anspannung 128
Es ist, wie es ist 131
Ein einziger Zustand 132

zehn

Drei Tage Ichlosigkeit 136
Befriedigt mich die Entspannung? 140
Gedanken fühlen sich nicht so gut an 144
Im Sein ruhen 147
Diese Kraft in mir 151

elf

Papaji, Tony und Nathan 156
Nichts, Etwas und der Kinderspielplatz 161

zwölf

Gedanken fallen lassen 169
Gefühle, Gedanken und Wolken 172
Was ist das »Ich«-Gefühl? 177

Schluss

Superhelden im Tiefschlaf 181
Die einzige Autorität 187

E-Mails

Wozu noch Coaching? 192
Das torlose Tor 194
Und nun? 196
Und was mache ich jetzt damit? 197
Verpassen wir die Gegenwart? 198
Wie erlebt man ohne »Ich«? 199
Vorlieben und Abneigungen 199
Matrix 200
Hilfeleistung und Verantwortung 201
Ein paar Fragen tauchen auf 202
    Was ist Zweifel? 202
    Wie gehe ich mit Entscheidungen um? 203
    Kann die Astrologie den Lebensfilm zeigen? 203
Unsere Verantwortung 205
Das Ego kämpft 213
Ichlosigkeit als »Ich«-Konzept 218
Gelingt es Ihnen, immer bewusst zu sein? 219
Wissenschaftlich 222
Ist ein energetischer Shift notwendig? 223
Wo bleibt die Freude? 228
Wozu über Nondualität reden? 236

Einleitung

Vorhang auf für die »Ich«-Vorstellung!

Was in diesem Buch das »Ich« genannt wird, ist die Vorstellung, vom Rest der Welt getrennt zu sein: ein eigenständiges Wesen, das Entscheidungen trifft und sie in die Tat umsetzt. Doch der Denker, Entscheider, Macher, für den wir uns halten, existiert nur in Gedanken. Das »Ich« ist kein Wesen, sondern eine Aktivität: eine Interpretation, die alles Erleben auf ein imaginäres Zentrum bezieht. Dieses Zentrum scheint allem »anderen« gegenüberzustehen.

Vom »Gegenüber«-Standpunkt aus betrachtet erscheint die Welt als Problem. Wir sehen uns mit der Schwierigkeit konfrontiert, dem Leben die Erfüllung unserer Wünsche abzuringen: festzuhalten, was das »Ich« stärkt, und fernzuhalten, was ihm nicht ins Konzept passt.

Das »Ich« verspricht die Macht, das Leben wunschgemäß zu steuern. Aber der Preis für diese Vorstellung ist, dass immer etwas zu fehlen scheint. Denn das »Ich« ist nur eine Fiktion, und wenn wir uns auf eine Fiktion reduzieren, dann fühlen wir uns unvollständig und irgendwie irreal.

Weil das »Ich« auf so wackligen Beinen steht, verlangt es viel Bestätigung und Liebe und entpuppt sich überhaupt als sehr wartungsintensiv. Es ist sein eigenes Sorgenkind, ständig auf der Suche nach etwas »anderem«, das ihm Kraft und Sicherheit verleihen könnte. Von der Erfüllung seiner Bedingungen erhofft es sich das Ende seines Leidens. Aber eigentlich leidet es unter der scheinbaren Trennung von allem »anderen«, die es nie überwinden kann, weil es nur in der Illusion von Getrenntheit und Eigenständigkeit besteht.

In der »Ich«-Vorstellung endet die Suche, wenn alle Wünsche erfüllt sind. Aber hat das schon jemals funktioniert? Wie lange dauert es, bis die Unzufriedenheit wieder aufflammt, die das »Ich« und damit die Suche in Gang hält? Es ist, wie wenn man einen Luftballon zusammendrückt: Die Luft darin verschiebt sich nur an eine andere Stelle.

Wenn dieser Mechanismus durchschaut wird, dann richtet sich die Veränderungslust schnell auf das »Ich« selbst. Jetzt versucht es, »besser« zu werden (besonders spirituell, besonders liebevoll ...) oder sich im Streben nach Erleuchtung sogar ganz aufzulösen.

Aber wenn die Suche auch nur für einen Moment aufhört, dann zeigt sich etwas Überraschendes: Was gesucht wurde, ist schon hier – die Präsenz, in der alles erlebt wird. Alle Bedingungen und Vorbehalte, die ans Erleben gekoppelt waren, verlieren ihre Bedeutung, und die Gegenwart, so wie sie gerade erscheint, wird als Erfüllung erkannt. Die Liebe, die immer gesucht und meistens übersehen wurde, ist das Erleben selbst! Nichts Besonderes, sondern alles.

Gespräche

eins

Direktes und indirektes Erleben

 Für unsere Gespräche finde ich es praktisch, zwischen direktem und indirektem Erleben zu unterscheiden: Direktes Erleben nenne ich das, was jetzt gerade in den fünf Sinnen erfahren wird, und indirektes Erleben heißt alles, was sich in Gedanken abspielt.

Alle Sätze, in denen vorkommt: »Ich könnte, ich müsste, ich würde …« und so weiter, alle Sätze, in denen es um Vergangenheit und Zukunft geht, alle Theorien, Bedeutungen und Begründungen sind indirektes Erleben, in dem alles möglich scheint.

Nehmen wir zum Beispiel die Überlegung »Ich könnte etwas sagen«: Da wird eine fiktive Gestalt in die Zukunft projiziert (zum Beispiel um fünf Sekunden), und man stellt sich vor, wie andere fiktive Figuren auf sie reagieren würden. »Wenn ich etwas sage, dann finden die das toll« oder »… dann finden die das blöd.« In Gedanken kann alles passieren.

Indirektes Erleben bezieht sich also auf diese fiktiven Welten von Vergangenheit oder Zukunft und direktes Erleben auf die Gegenwart: Was ist jetzt gerade da? Einfach nur die fünf Sinne – alles, was momentan gesehen, gehört, gefühlt, gerochen, geschmeckt wird. Da ist ein Stuhl. Da ist ein Glas. Farben, Klänge, Wärme.

Auch ein Gedanke spielt sich natürlich in den fünf Sinnen ab; er erscheint ja als Bild oder in Worten, also als

Sehen oder Hören in der Gegenwart. Aber der Inhalt des Gedankens kann sich auf etwas ganz anderes beziehen, zum Beispiel darauf, wie die Welt in tausend Jahren aussehen könnte. Da wird es ziemlich spekulativ. Gedanken erschaffen Fiktionen, eine Art zweiter Wirklichkeit unabhängig vom Hier und Jetzt.

Das indirekte Erleben kann zu einer Menge Verwirrung führen und zu Suchprozessen nach etwas, das vielleicht gar nicht existiert. Wenn wir uns auf die Suche nach dem »wahren Selbst« machen, oder nach dem »Seelenheil«, dann viel Glück! Konzepte haben oft keine Entsprechung in der Wirklichkeit, und deshalb kann man etwas suchen, das es gar nicht gibt. Insofern finde ich die Unterscheidung zwischen direktem und indirektem Erleben nützlich, aber natürlich ist beides einfach Erleben. Alles ist Erleben, etwas anderes finden wir nicht. Damit ist schon alles gesagt, in drei Worten zusammengefasst: Alles ist Erleben.

Ich könnte es aber auch in zwei Worten zusammenfassen: Nichts erlebt. Wenn wir schauen, was das denn ist, das erlebt, dann finden wir nichts als Erleben. Wir bemerken Bilder oder Gefühle oder Klänge, eine Stimme – aber kein »Ich«, sondern immer nur Sinneseindrücke. Wir können nichts finden, das erlebt.

Also: Alles ist Erleben; nichts erlebt.

Man kann ja aus allem ein Konzept machen; auch aus »Ichlosigkeit« kann eine philosophische Richtung werden, ein Ersatz fürs Erleben. Der Gedanke »Mich gibt's ja gar nicht« ist nicht hilfreich, wenn es sich so anfühlt, als würde es mich geben. Dann entsteht nur ein Konflikt zwischen

Konzepten, kein direktes Schauen, was eigentlich mit diesem »Ich« gemeint ist.

Was ich sage, ist also einfach nur eine Einladung zu schauen: Was ist momentan direktes Erleben? Gibt es momentan ein »Ich«?

»Ich« und Bewusstsein

Machst du einen Unterschied zwischen den Konzepten »Ich« und »Bewusstsein«? Ein Bewusstsein kann man ja auch nicht beweisen.

Unter »Ich« verstehe ich das Konzept einer Instanz, die getrennt vom Rest der Welt denkt und lenkt und entscheidet. Das halte ich für eine reine Fiktion.

»Bewusstsein« ist für mich einfach nur ein anderes Wort für »Erleben«, für Sinneseindrücke: Gefühle, Sehen, Hören. Und das Sicherste, was man überhaupt sagen kann, ist: Jetzt gerade ist da Erleben. Das finde ich unbestreitbar. Damit ist nicht gesagt, dass dieses Erleben wahr ist; es kann ja auch täuschen, so wie bei optischen Täuschungen, Halluzinationen und so weiter. Aber dass Erleben da ist, lässt sich nicht leugnen.

Gut, das stimmt. Dann meine ich aber einen anderen Bewusstseinsbegriff: die Fähigkeit, über sich selbst zu reflektieren. Es ist ja auch eine Streitfrage, ob Tiere ein Bewusstsein haben und sich ihrer selbst bewusst sein können.

Menschen denken oft über Gedanken nach. Zu einem Gedanken kommt ein zweiter hinzu, der zum Beispiel sagt: »So ein blöder Gedanke! Was sagt das über mich aus, dass ich so etwas Blödes denke?« Das kannst du »Reflexion« nennen. Genauso kann es eine Reflexion über Gefühle und alle anderen Wahrnehmungen geben.

Über das »Ich« zu reflektieren ist ein bisschen komplizierter. Das wäre eine Reflexion über eine Abstraktion wie »die Gesamtheit meiner Gedanken und Gefühle« oder »meine Lebensgeschichte und was aus mir geworden ist«. Das kannst du »Reflexion« nennen, oder einfach »Gedanken über andere Gedanken«.

Ob Tiere Gedanken über Gedanken haben, weiß ich nicht. Ich glaube, dass ein Hund denken kann: »Das fresse ich jetzt!« – wenn man das in Worte fassen würde, in denen der Hund ja sicher nicht denkt. Aber ich halte es für unwahrscheinlich, dass der Hund denkt: »Ich sollte das nicht fressen wollen; das zeigt, wie gierig ich bin!« Bestimmt kann er denken: »Das fresse ich jetzt, hoffentlich merkt das keiner!«

Dem entnehme ich, dass du glaubst, wir Menschen haben als Einzige dieses »Ich«-Konzept.

Ich weiß nicht, ob ein Hund eine Vorstellung von sich selbst hat. Mir scheint, er braucht so etwas einfach nicht. Wir Menschen können in Gedanken Möglichkeiten durchspielen, das ist eine Art Probehandeln. Man muss nicht alles in der Realität ausprobieren. Marathonlauf: Ich stelle es mir kurz vor und verzichte auf die Teilnahme. Fürs Planen und Verabreden ist das sehr praktisch. Das brauchen Hunde nicht; sie machen zum Beispiel auch keine Erfindungen.

Aber auch für einen Menschen sind diese Vorstellungen nichts Aktives, sondern sie passieren auch nur, oder? Ich träume zum Beispiel von der Katze meiner Vermieter; da bin ich und mein Vermieter kommt dazu. Das wirkt alles echt, und wenn ich aufwache, dann war das nur Bewusstsein, in dem Bilder erschienen sind. Und dann ist klar, dass in dem Traum weder ich noch der Vermieter noch die Katze etwas gedacht haben. Nach meiner Feststellung denkt überhaupt keiner – das passiert einfach.

Ja. Bilder kommen im Schlaf vielleicht ganz ohne Einflüsse, oder jetzt zum Beispiel dadurch, dass ich eine Frage stelle: Wie würden wir im Dirndl aussehen? Dann taucht die Vorstellung auf, und je nachdem … Die Frauen hier finden das anscheinend ganz okay, wir Männer sehen in dem Bild weniger gut aus. Für dich kam diese Vorstellung sozusagen »von außen« – von selbst hättest du sie wohl nicht gehabt –, und wie kam sie zu mir? Keine Ahnung! Plötzlich war das Bild da und wurde in Worte gefasst. Im Schlaf ist das auch nicht anders: Ein Bild kommt aus dem Nichts, vielleicht angestoßen durch irgendeinen »inneren« oder »äußeren« Impuls.

Zu diesem Thema »Wo kommen die Vorstellungen her?« ist mir etwas eingefallen: Es gibt solche Momente, wo man an eine Person denkt, und gerade da klingelt das Telefon, und man hebt ab und dann …

… ist es jemand anders. Das kenne ich gut.

Oder es ist eben die Person, an die man gedacht hat. Vielleicht kann man da eine Hypothese aufstellen, dass es da so eine übergeordnete Ebene gibt, wo sich Informationen übertragen.

Das stimmt, die Hypothese kann man aufstellen. Und man könnte verschiedene Theorien bemühen: morphogenetische Felder, Synchronizität, Zufall …

Statistisch gesehen wäre es sehr unwahrscheinlich, dass nie jemand anruft, an den du gerade denkst. Da müsstest du schon einen extrem großen Bekanntenkreis haben!

Wir können immer Hypothesen aufstellen, ob »Zufall« oder »übergeordnete Ebene«. Es macht auch Spaß, mit diesen Hypothesen zu spielen – nur ist das etwas anderes als das direkte Erleben, in dem du nie eine andere Ebene erfährst, sondern nur, was gerade da ist.

Was ist der Körper?

Da ist Bewusstsein, zum Beispiel als Stimme, die gehört wird. Da ist Bewusstsein in Form von Hören, von Sehen und so weiter.

Es wäre schön, wenn da nicht der Körper wäre – dann gäbe es nur Bewusstsein.

Was ist der Körper? Da sind Gefühle, die im Bewusstsein auftauchen; Gefühle, wie sich der Raum anfühlt, wie sich der Stuhl anfühlt, wo die Arme und Beine sind und so weiter. In Gedanken gibt es vielleicht eine Art Anatomie-Schaubild. Das alles erscheint im Bewusstsein. Alles, was du »Körper« nennst, taucht im Bewusstsein auf, genauso wie die Tasse oder Gedanken im Bewusstsein auftauchen. Dass da Bewusstsein ist, wird leicht übersehen, weil es *immer* da ist und weil es *als etwas* auftritt: Bewusstsein als Klang, als Farben, als alle Erscheinungen. Was immer da ist, ist dieses Bewusstsein. Alles hier sind Erscheinungen …

… die ich mir projiziert habe.

Du kannst es als Projektion beschreiben – aber es ist nicht *deine* Projektion; es ist von niemandem projiziert. Das Bewusstsein projiziert sich ins Erleben.

zwei

Ichlosigkeit – eine Theorie?

Wie bist du darauf gekommen, dass man ohne »Ich« erlebt?

Das Thema »Was ist mit ›Ich‹ gemeint?« hat mich lange beschäftigt. Ich komme ja ursprünglich vom NLP, wo es oft darum zu gehen schien, sein Leben in den Griff zu kriegen, die Fäden in der Hand zu halten, Ziele zu setzen und zu erreichen … solche Sachen. Mich hat interessiert, wer das ist, der das Leben in den Griff kriegen soll. Ich konnte da niemanden finden, sondern nur Konzepte, nur Theorien. Oder wie erlebst du das? Was ist »Ich«? Was ist da, das steuern könnte?

[*Stille …*]

Ja, so geht's mir auch. Alles, was ich finden kann, sind Sinneseindrücke, Gefühle, Gedanken zu den Gefühlen, Gefühle zu den Gedanken …

Ich bin aber nicht dieser Gedanke oder dieses Gefühl (oder nicht nur). Denn ich bin auch da, wenn der Gedanke nicht da ist. Sinneseindrücke tauchen von selbst auf, Gedanken und Gefühle tauchen von selbst auf – und so auch die Vorstellung eines »Ichs«, das sie lenken würde.

Aber wie kann man diese Theorie im Leben benutzen?

Mir scheint es umgekehrt: Das »Ich« ist eine Theorie. Im direkten Erleben ohne Theorie erlebst du gerade Klang in Form von Worten, Licht und Farben in Form von Körpern und Gegenständen, Gewicht auf dem Stuhl, Anspannung und Entspannung und solche Gefühle ... lauter Sinneseindrücke. Dann kann man eine Theorie dazu aufstellen über ein »Ich«, das diese Wahrnehmungen zusammenhält – aber das würde ich eben »Theorie« nennen. Ohne Theorie gibt es auch kein »Ich«.

Dieses Wort »Ich« kommt sehr oft in den Gedanken vor und vermittelt den Eindruck eines wirklichen Wesens, das damit gemeint ist. »Verstehe ich das? Mache ich das richtig?« – immer ist das Wort »Ich« dabei.

Babys haben noch keine Theorie darüber, wer oder was sie sind und wie es kommt, dass sie so und so sind. Das lernen sie erst später. Das »Ich« ist eine angelernte Theorie, die immer mehr als Zentrum des Erlebens vorausgesetzt wird, eine Theorie, die gelernt und »verinnerlicht« wurde. »Das muss wohl ›ich‹ sein, weil sich fast alle Gedanken darauf beziehen.«

Das »Ich« ist eine Theorie; für das Erleben braucht es aber keine Theorie. Erleben ist einfach da, egal ob mit oder ohne »Ich«-Theorie. Daher ist da auch nichts, was »man« im Leben benutzen könnte.

Da sind Gedanken und Gefühle, die auftauchen, und Verhalten, das auftaucht. All das geschieht, so wie ein

Baum wächst: ohne ein »Ich«, das beschließt, die Blätter herauszudrücken oder abzuwerfen.

Bewusstsein und Materie

Es wäre interessant, ob ein Baum auch Bewusstsein hat. Bäume scheinen ja auch Wahrnehmungen zu haben. Vielleicht kann man sagen: Alles, was lebt, hat Bewusstsein, und dann gibt es noch die materielle Welt ohne Bewusstsein.

So könntest du es beschreiben, oder du könntest sagen: Da ist Bewusstsein als Tasse. Alles, was du jemals erlebst, ist Bewusstsein – in Form einer Tasse, in Form eines Nickens, in Form von Gedanken. All das ist Bewusstsein.

Jetzt kann man spekulieren: »Okay, aber es gibt doch auch Materie außerhalb des Bewusstseins.« Das ist eben Spekulation, indirektes Erleben, Gedanken-Inhalt. So wie es erlebt wird, ist da immer nur Bewusstsein. Die Theorien über »Materie ohne Bewusstsein« *sind* Bewusstsein; sie tauchen im Bewusstsein auf. Innerhalb des Bewusstseins gibt es Theorien darüber, was außerhalb des Bewusstseins sein könnte. Aber diese Theorien beziehen sich immer auf Vorstellungen, die im Bewusstsein auftauchen. Im direkten Erleben gibt es nur Bewusstsein – in Form von Stühlen und Worten und Gedanken über Materie.

Objektive Wirklichkeit

Da fällt mir diese Frage ein: Wenn vor Millionen Jahren ein Baum im Wald umfiel, und niemand war da, der das hätte hören können, gab das dann ein Geräusch?

Die Antwort ist »Ja.« Wenn du einen Baum und einen Wald voraussetzt, dann kannst du genauso gut das Geräusch hinzunehmen. Wenn du voraussetzt, dass es all das schon ohne Bewusstsein gab, warum dann nicht auch das Krachen?

Aber es war eben keiner dabei, der das gehört hat, insofern …

… gab es keinen Wald.

Tja, so gesehen stimmt das.

Oder – weil das ja alles indirektes Erleben ist – man kann das auch anders sehen und sagen: »Natürlich gab es da einen Wald! Woher soll denn alles gekommen sein? Das Holz von diesem Stuhl war mal im Wald …«, aber das ist eben indirektes Erleben. Es ist nicht falsch oder richtig, sondern einfach nur das Bild eines Waldes von vor ein paar Millionen Jahren und ein Bild davon, dass niemand da ist. Der Betrachter dieses Bildes muss weggedacht werden; es muss ausgeblendet werden, dass es ein Bild ist – kein wirklicher Wald – und dass dieses Bild in der Gegenwart gesehen wird, nicht in der Vergangenheit.

Wenn all das ignoriert wird, dann entsteht der Eindruck einer objektiven Wirklichkeit – einer objektiven Vergangenheit, eines objektiven Waldes –, die sich im Bild widerspiegelt, statt nur als Bild zu existieren.

Das ist das wissenschaftliche Ideal: eine objektive Beschreibung der Welt ohne das Bewusstsein, das sie erlebt; eine Welt, in der die Gegenwart nur ein zufälliger Punkt auf der Zeitachse ist – statt das Einzige, was jemals erlebt wird.

Was existiert wirklich?

Was ist denn zum Beispiel mit deiner Frau? Solange du nicht an sie denkst, ist sie nicht existent, oder?

Für mich nicht; sie sieht das vielleicht anders.

Ich meine, nur das existiert, was hier gerade da ist. Alles andere ist eine Vorstellung. Es ist wie ein Traum: Ich erlebe ihn ganz intensiv, aber wenn ich erwache, hat er keine Bedeutung. Und was in ihm war, hat eigentlich nie existiert, oder?

Auch diese Behauptung – »Wenn ich etwas nicht wahrnehme, dann existiert es nicht« – ist ja eine Vorstellung. Ob wir uns die Existenz vorstellen oder die Nichtexistenz, beides sind Vorstellungen. Ich würde lieber sagen: Alles, was nicht hier und jetzt wahrgenommen wird, erleben wir nur als Gedanken – als Erinnerungen und Fantasien. Also können sich alle Aussagen darüber nur auf Erinnerungen und Fantasien beziehen. Es ist sehr praktisch, das von direktem Erleben zu unterscheiden. Aber wenn du jemanden blutend am Boden liegen siehst, dann ist die Lösung nicht, einfach wegzugehen, weil er dann nicht mehr existiert.

Es ist auch überhaupt nicht nötig, etwas zu leugnen, das so verlässlich ist: Jedes Mal, wenn du aus diesem Raum herausgehst und dann die zweite Tür rechts nimmst, wirst du dort die Küche finden. Sie taucht halt nur dann auf, wenn du hingehst. Diese »Objektkonstanz« ist real und gleichzeitig auch nicht, je nach Betrachtungsweise.

Wenn du über meine Frau sprichst, entsteht der Gedanke an sie. Dieser Gedanke, dieses Bild ist eine flüchtige Erscheinung. Aber auch alles hier ist eine flüchtige Erscheinung. Es ist nicht so, dass »ich« hier bin oder sonst etwas eine eigene Existenz hätte, weder hier noch sonst wo. Da sind nur Sinneseindrücke, und einer davon ist eine Vorstellung von meiner Frau.

Mir ist dieses Thema gerade wichtig, weil meine Eltern beide sehr krank sind, und ich frage mich, wie ich damit umgehen soll und wie ich ihnen helfen kann. Wenn ich nicht an sie denke, dann ist auch kein Leid da, aber dann kommen Gedanken über meine Eltern, und dann geht's mir schlecht. Deshalb ist meine Frage: Ist das rücksichtslos von mir, wenn ich diese Gedanken einfach wegschiebe? Wenn ich nicht gerade bei meinen Eltern bin, kann ich ihnen ja auch nicht helfen, egal wie viele Sorgen ich mir mache. Aber manchmal habe ich deswegen ein schlechtes Gewissen.

Inwiefern ist das rücksichtslos?

Na, das ist wahrscheinlich auch nur ein Gedanke, der aufsteigt.

Ja, und ich habe auch nichts gegen Gedanken; das ist nur eine spezielle Art von Erleben. Wie du sagst, ist deinen Eltern durch mitleidige Gedanken ja nicht geholfen – aber vielleicht führen diese Gedanken dazu, dass du hinfährst und dich um sie kümmerst.

Mitleid zu haben beruht ja auf Vorstellungen davon, was mit deinen Eltern los ist, wie sie sich fühlen und so weiter. Das sind Spekulationen, ebenso wie die Frage »Existiert es oder nicht?« Auch diese Frage taucht in Gedanken auf. Im Erleben ist da jetzt gerade ein Gedanke an deine Eltern. Wenn du dich umschaust, siehst du sie nicht, aber in Gedanken sind sie da. Gibt es jetzt deine Eltern? Je nach Beschreibung! Im direkten Erleben gibt es sie momentan nicht, aber trotzdem kannst du nicht verhindern, dass Gedanken an deine Eltern auftauchen.

So ist es: Man hat überhaupt keine Kontrolle darüber, welche Gedanken kommen. Ich nehme mir fest vor, mit dem Rauchen aufzuhören, dann schalte ich den Computer ein, und während ich meine E-Mails lese, merke ich, dass ich eine brennende Zigarette in der Hand halte. Das ist einfach so passiert. Aber jeden Tag denke ich aufs Neue: »Ich muss dies, ich muss das ...«, und dann habe ich ein schlechtes Gewissen, aber ich kann es nicht steuern. Ich habe dir vorhin eine Mail geschrieben, dass ich heute nicht komme, weil ich die Bahn verpasst habe und dringend meine Wohnung aufräumen muss, und statt die Mail abzuschicken, bin ich ins Auto gesprungen und hergekommen.

Im Nachhinein kann man es immer so beschreiben, dass »ich mich umentschieden« habe, weil »mir« das wichtiger war – aber direkt in der Situation kommt ein Gedanke: »Ich bleibe heute zuhause«, und ein zweiter: »Ach, ich fahre hin!«, und das passiert dann. Genauso passiert das Aufräumen von selbst ... manchmal.

Wer kann nicht eingreifen?

Im NLP gibt es ja ein Modell, das solche Entscheidungsstrategien abbildet, zum Beispiel ihre Submodalitäten: Das Bild, das auftauchte, war groß und attraktiv und führte deswegen zum Verhalten. Dahinter steckt ja eine gewisse Mechanik. Deshalb finde ich die Vorstellung ein bisschen befremdlich, dass man in diese Mechanik der Bilder nicht eingreifen kann und alles nur vom Schicksal bestimmt wird.

Wer ist dieser »Man«, der eingreifen würde oder nicht eingreifen kann?

Das Bewusstsein, das die Bilder beobachtet.

Wenn du es so beschreibst, dann klingt es, als ob das zwei verschiedene Sachen wären. Aber die Bilder *sind* ja Bewusstsein, sie existieren nicht getrennt von ihm. Das Bewusstsein beobachtet sie nicht nur, es manifestiert sich als diese Bilder.

Du sagst, dass das Bewusstsein eingreifen will, aber nicht kann?

Ja, so wie in dem Beispiel gerade.

In diesem Aufräum-Beispiel tauchen Geschirrberge im Bewusstsein auf, dann der Gedanke: »Ich könnte mal aufräumen«, gefolgt vom Gedanken: »Aber nicht gerade jetzt!« Das alles taucht im Bewusstsein auf und ist alles Bewusstsein. Die Vorstellung vom Eingreifen oder Nicht-Eingreifen setzt immer eine Instanz voraus, die das gerne möchte. Aber »Ich will aufräumen« ist genauso ein Gedanke wie »Vielleicht später.« Und der Gedanke »Dieser Gedanke ist besser« ist ebenso ein Gedanke. Dahinter steckt kein »Ich«, das sie alle denkt, aber leider nicht eingreifen kann. Da ist keine distanzierte Person, die sagt: »Lasst mich mal ran!«, und das Schicksal antwortet: »Nein, du darfst nicht ran! Alles läuft von selbst!« Ohne Gedanken, wer bleibt da, der eingreifen kann oder nicht eingreifen kann?

Wenn Leute mit dem Rauchen aufhören, dann kannst du sagen, dass diese Veränderung durch die passenden

Submodalitäten geschah, oder durch die richtige Strategie oder die richtige Technik. All das sind nur Informationen, die ins Spiel kommen und ihren Platz finden, und dann geht es: Dann hört etwas auf oder fängt etwas an; dann ändert sich die Sichtweise – ohne jemanden, der anders sieht.

Du setzt einen Hamster andersrum hin, sodass er in eine andere Richtung schaut, und schon hat er eine andere Sichtweise, ohne jedes »Ich«. So kannst du das bei uns auch beschreiben. Der Gedanke kommt: »Es wäre wirklich vernünftig, mit dem Rauchen aufzuhören«, und dann kommt: »Ja, das mache ich jetzt. Nach dieser Zigarette.« Vielleicht wird dann bewusst, dass dieser Gedanke schon sehr oft da war: »Na, die noch, aber ab morgen höre ich auf.« Und irgendwann kommt vielleicht ein Gefühl von Überdruss auf, das stärker ist als die bisherigen Gefühle, und damit endet die Sucht – oder auch nicht.

drei

Spiritueller Tatendrang

In deinem Buch geht es ganz klar nur darum, wie es ist, nicht um einen Weg. Aber selbst bei Nathan Gill scheint es mir den leichten Anflug eines Wegs zu geben: diese »entspannte Leichtigkeit«. Manchmal fühlt es sich eben auch nicht *entspannt und leicht an.*

Zu sehen, dass alles von selbst läuft, die Atmung genauso wie jede Art von Gedanken – das ist an sich schon entspannend im Vergleich zu dieser ständigen Suche nach einem Hebel, dem angespannten Versuch, das Leben in den Griff zu kriegen. Nathan beschreibt, was geschieht, wenn du nicht mehr meinst, die Last der Welt auf deinen Schultern zu haben – oder die Last von »dir« auf deinen Schultern zu haben. Nicht mehr zu denken, dass »ich« es auf die Reihe kriegen müsste, sondern zu sehen, dass alles von selbst passiert, das ist entspannend. Es ist leicht, nichts tun zu müssen, und das Leben erscheint weniger ernst.

Dieses »Ich«, für das man sich hält, ist ja an sich nicht so der Witzbold, sondern eher jemand Ernstes. Wenn die Gedanken nichts Ernstes und nichts so Wichtiges mehr sind, dann wird das Leben entspannter. Aber das ist kein Weg irgendwohin, keine Voraussetzung für irgendetwas, kein Ziel, sondern nur eine Begleiterscheinung, nur das, was geschieht: Erleichterung.

Ja, für mich ist das hier die totale Erleichterung! Vor ein paar Jahren war ich noch in einem Zen-Kloster zehn Stunden am Tag vor einer Wand gesessen und habe mir gedacht: »Das muss ich jetzt noch vierzig Jahre machen … und dann werde ich verstehen – vielleicht.« Und jetzt wird immer mehr klar: Es gibt nichts zu verstehen. Aber das sagt dir fast keiner. Es gibt nur ganz wenige Leute, die das sagen. Wenn ich mir überlege, wie viele Bücher ich gelesen habe – und fast alle kann man wegschmeißen. Wenn du richtig viele Bücher verkaufen wolltest, dann müsstest du dir wohl ein anderes Thema suchen.

Ja, dann würde ich über »Die zehn Geheimnisse auf dem Weg zur Erleuchtung« schreiben. »Sterbehilfe für Ihr ›Ich‹«. Irgendetwas, was man erreichen oder woran man arbeiten kann.

Und diese Bücher übers »Im Jetzt Sein«, das ist ja auch so ein seltsames Konzept! Was soll das heißen? Ich habe das eine ganze Zeit geübt: »Jetzt bin ich da, jetzt bin ich da …« – so ein Schwachsinn!

Interessant wäre: »Jetzt bin ich *nicht* da.« Das ist nur eine Unterteilung: »Wenn keine Gedanken da sind, dann ist es gut; wenn Gedanken da sind, ist es schlecht. Gedanken sind, was *du* machst, und der Rest ist, was Gott macht; der Rest ist so, wie es sein sollte.« Aber »Es wäre besser, keine

Gedanken zu haben« ist auch nur ein Gedanke. Alles, was erscheint, ist dasselbe aus derselben Quelle.

Ich fand früher diese Bücher auch sehr faszinierend, die einem etwas zu tun geben. »Den Schmerzkörper bearbeiten«, statt dass nur etwas auftaucht und dann wieder weg ist. Du hast auch mal über dieses Konzept gesprochen, dass man etwas abarbeiten müsste. Die Vorstellung, dass man in seinem Leben Traumata und unterdrückte Gefühle angesammelt hat und da einen ganzen Berg abzutragen hat, das finde ich wahnsinnig anstrengend – und vor allem nicht machbar. Wenn ich mich schlecht gefühlt habe, dann war das nicht nur ein Gefühl, das kam und verschwand, sondern »die Spitze des Eisbergs« zeigte sich wieder; es war immer ein Symptom eines viel größeren Problems.

Ja, da zeigt sich dann an einer Stelle, was du eigentlich für ein Problembündel bist!

Ich fand das früher irrsinnig faszinierend. Da war dieser Wunsch, das zu begreifen, einzuteilen und abzuarbeiten. Das ist das eben mit den Stufen oder den zehn Punkten: Du hast die Einteilung und du kannst es jetzt begreifen. Da ist Punkt eins, und wenn du den geschafft hast, kommt Punkt zwei … Das hat mich sehr angesprochen.

Ja, man weiß, wo's langgeht. An diesen Pfaden ist ja auch nichts verkehrt, nur kommt da manchmal eine gewisse

Unruhe auf – an der auch wieder nichts verkehrt ist, es ist einfach nur Unruhe.

Ja, weil die Idee bestärkt wird, dass da doch noch etwas zu erreichen ist. Das kommt manchmal auch noch bei mir auf: »Vielleicht kann ich da doch noch etwas drehen …«

Und es entsteht eine Art Tatendrang: Es gibt noch etwas zu tun, zu lernen, zu erkennen … – was ein bisschen auf Kosten der »entspannten Leichtigkeit« geht. Vor allem bekräftigt es die Vorstellung, dass da jemand ist, der den Pfad beschreitet.

Jetzt sind da einfach nur Farben, Klänge, Gefühle … Wenn ein Gefühl unangenehm ist, dann kommen vielleicht Gedanken hinzu: »Verdammter Mist! Was läuft hier falsch?« Wenn es ein angenehmes Gefühl ist, dann kommt möglicherweise der Gedanke: »Hmm, das lässt sich doch noch ein bisschen ausbauen!« Niemand macht die Farben, niemand macht die Gefühle und Gedanken.

Disziplin

Als Nebenwirkung einer Technik oder einer Disziplin entsteht leicht die Vorstellung eines »Ichs«, das immer weiser wird. Stattdessen können wir es als Mechanismus beschreiben, der sich weiter verfeinert. Wenn du zum Beispiel Klavier spielst und dabei immer denselben Fehler machst, dann kannst du üben, um diesen Fehler auszumerzen, und dann läuft das Spiel flüssig. Da taucht der Gedanke auf: »Aha, da ist der Fehler, und so wäre es besser. Und wenn ich das übe … ah, so fühlt es sich gut an!« Der Mechanismus ändert sich, und der Fehler verschwindet.

Braucht es für diese Beschreibung ein »Ich«, das übt? Du könntest es genauso als Evolution beschreiben. Was sich gut anfühlt, was gesund macht, was sich bewährt, das wird stärker. Das ist ein natürlicher Prozess, für den kein Regisseur nötig ist, der ihn lenken würde. Selbst wenn das noch so ein spiritueller oder weiser Regisseur wäre, bleibt es doch jemand, der scheinbar immer noch besser werden muss, noch weiser. Das hört meiner Ansicht nach durch keine Disziplin auf. Es kann natürlich trotzdem aufhören, aber nicht deswegen – nicht wegen einer Disziplin, einer Methode.

Eckhart Tolle oder Byron Katie sind interessante Beispiele: der eine in tiefer Depression, die andere in einer Psychose – und plötzlich: wupp! Ohne Reifung, ohne Methode verschwindet die »Ich«-Vorstellung. Auch wenn beide im Nachhinein Methoden anbieten, die sicherlich therapeutisch nützlich sein können, hatte das »Erwachen« bei beiden nichts mit einer Disziplin oder einer Technik zu tun.

Ich bin nicht so weit wie die Erleuchteten

Ich denke mir oft: Ich kann noch nicht da sein, wenn ich mir Videos von Erleuchteten anschaue. Ich habe gerade ein Video von Byron Katie gesehen, und da denke ich mir: Die muss weiter sein, die muss das mehr erfasst haben als ich.

Was muss sie mehr erfasst haben?

Das weiß ich auch nicht. Irgendwie muss sie tiefer sehen. Na ja, das ist wohl auch nur eine Vorstellung.

Du kannst das natürlich so beschreiben: Da bist du, und da ist Byron Katie. Du kannst es aber auch so beschreiben: Da ist Bewusstsein, in dem ein Bild von Byron Katie auftaucht, und ein Bild von dir, und ein Vergleich zwischen beiden Bildern. In diesem Vergleich schneidet das Bild von dir schlechter ab. Das ist ein Spiel im Bewusstsein.

Die Leute sagen auch vom Papst und vom Dalai Lama: »Wenn er nur in den Raum kommt, dann spürt man schon diese Heiligkeit.« Jemand anderes spürt etwas anderes. Als Moslem spürst du andere Sachen, wenn du den Papst siehst.

Ich hatte das auch bei einigen Satsang-Lehrern, in der Zeit, als ich zum Satsang gegangen bin: »Wow, die haben so eine Präsenz, so eine Ausstrahlung, so eine tiefe Stille …« Wenn ich sie mir aber heute anschaue und höre, was sie vertreten, dann finde ich Vieles davon Quatsch. Aber damals fand ich diese Lehrer dermaßen berührend … Sie sind halt eine gute Projektionsfläche für das, was berührt wird.

Du findest auch oft diese »Lineage«, diese Abstammungslinie, die sich ständig zu verschlechtern scheint: »Der ist ein Schüler von Gangaji, ganz großartig! Also natürlich nicht so klar wie Gangaji selbst, die ja eine Schülerin von Poonjaji ist, und der ist ja nochmal viel höher, nur übertroffen von seinem Guru, Ramana …«

So ist das halt mit den Vergleichen: Es könnte immer noch ein bisschen stiller, ein bisschen klarer oder edler sein – theoretisch.

Mich spricht dieses Lehrer-Ding einfach nicht mehr an, wenn jemand sich darstellt, als wäre er etwas Besonderes oder etwas anderes oder weiter oder besser … irgendetwas, wo es hinzukommen gilt.

Immer wenn es um Entwicklungsstufen und Hierarchien geht – »dies ist heiliger als das« –, dann spricht der »Ich«-Gedanke.

Mein Mann hat immer gefragt: »Was siehst du denn in denen? Das sind doch auch nur Leute!« Und ich habe geantwortet: »Das sind nicht einfach Leute, sondern Erleuchtete!« Aber inzwischen sehe ich es genauso: Was soll der anderes sein als ich? Der denkt anders und spricht anders, aber das ist kein Unterschied in der Essenz. Und das zu sehen ist eine riesige Erleichterung.

Das Erleben eines Anderen

Vor ein paar Jahren habe ich die Bücher von Douglas Harding gelesen. Das fand ich sehr faszinierend, aber gleichzeitig habe ich gedacht: »So einfach kann es nicht sein; es muss noch mehr geben.« Dann habe ich Nisargadatta gelesen, der sagte, dass er auch im Tiefschlaf noch bewusst ist. Das kann ich überhaupt nicht nachvollziehen.

Es kann sehr verwirrend sein, das Erleben von jemand anderem nachzuvollziehen. »Der kann die Zukunft *und* die Vergangenheit sehen, der sieht auch noch die Engel ...«

Und das im Tiefschlaf!

»Das ist der Guru von dem aufgestiegenen Meister!« Es wäre viel leichter und naheliegender, selber zu schauen: Was erlebst du gerade? Ohne Soll, ohne Vorgabe, ohne Autorität. Da gibt es keine Autorität, sondern nur einen Gedanken: »Nisargadatta sagt ...«

Nisargadatta sagt auch, dass er vor dem »Ich Bin« ist. Darüber habe ich mir so den Kopf zerbrochen ...

Was ist das »Ich Bin«?

Das weiß ich auch nicht so genau.

Hier sind Farben, Klänge, Gefühle ... jede Menge Sinneseindrücke. Fehlt jetzt etwas? Was müsste jetzt mehr sein, oder weniger, oder anders?

Nein, nichts fehlt.

Ist da noch etwas?

In »Glück ohne Schmied« stellst du die Frage: »Findest du etwas, das sich nicht in die fünf Sinne einordnen lässt?« Und ich habe nichts gefunden. Aber es wird ja auch oft von dem geredet, was immer da ist, unabhängig von den Sinnen. Sollte oder könnte man da irgendetwas finden?

Die Frage ist: »Findest *du* etwas?«

Vielleicht habe ich ja noch nicht genau genug geschaut, aber ich habe bisher jedenfalls nichts außerhalb der Sinne gefunden. Alles, was mir in den Sinn kommt, ist wieder ein Gedanke, und der ist dann wieder …

… ein Bild, ein Klang …

Aber die Frage war: »Ist denn da noch was?«

Ja, da ist Nichts. Wenn dir etwas »in den Sinn kommt«, wohin kommt es dann? Woher kommt es? Wo ist es? Der Verstand versucht gerne, sich »Nichts« vorzustellen. Oder er fragt sich: »Woran würde ich merken, wenn ich ›Nichts‹ gefunden habe?« Es ist halt nichts – aber nicht in dem Sinne, dass da eigentlich etwas sein müsste, das fehlt, sondern alles kommt aus dem Nichts.

Ja, das ist so wie Tiefschlaf, oder? Du schläfst ein und wachst auf, und dazwischen ist auch nichts.

Und was im Tiefschlaf ist, das ist jetzt im Moment auch da, oder? Nur tauchen jetzt darin Wahrnehmungen auf.

Das kann ich nicht nachvollziehen. Der Unterschied für mich ist, dass ich an den Tiefschlaf keine Erinnerung habe, kein Empfinden, keine Bilder. Da ist gar nichts, auch keine Sinne. Aber jetzt ist das alles da.

Ja genau, jetzt sind die Sinne beschäftigt, es gibt Farben und Bilder und so weiter. Tiefschlaf ist dasselbe ohne Sinneserfahrung. Du könntest sagen: »Tiefschlaf ist Bewusstsein von Nichts, unmanifestiertes Bewusstsein.«

Aber das kann ich nicht mehr wissen, das kann ich nicht einordnen. Andere Sachen kann ich einordnen: »Das war mir bewusst, das habe ich gesehen und gehört …« Im Tiefschlaf ist aber nichts, was man einordnen könnte oder was einem bewusst werden könnte.

Im spirituellen Konzept gibt es ja diese Unterscheidung zwischen Bewusstheit und Unbewusstheit. Und es scheint, dass es immer besser ist, möglichst viel bewusst zu sein.

Besser für wen oder was?

Für … die Entwicklung. Besser für … Es macht sich im Lebenslauf besser.

Ja, und im Zeugnis: »Sie war oft bewusst.«

Wobei für mich das direkte Erleben stärker mit Bewusstsein verknüpft ist als das Denken. Ich würde sagen, dass ich nicht so bewusst bin, wenn ich mich in Gedanken woanders aufhalte, in der Vergangenheit oder der Zukunft. Man könnte vielleicht sagen, dass es besser ist, sich auf das unmittelbare Erleben zu besinnen, als in Gedanken herumzuschwirren.

Mir scheint, dass es irgendwie befriedigender ist, wenn die Aufmerksamkeit sich aufs direkte Erleben richtet. Es fühlt sich frischer an, als wenn sie sich mit Gedanken beschäftigt: »Was mache ich bloß, wenn das und das passiert?« Aber mehr auch nicht, als dass es schöner ist. Gedanken sind oft muffig und eng und uninteressant im Vergleich dazu. Das kommt natürlich auch auf die Gedanken an; die können ja auch ganz grandios sein. Aber wenn man zum Beispiel beim Essen mit Gedanken beschäftigt ist, dann wird das Essen nicht so ein Genuss, als wenn das Sehen und Riechen und Schmecken die volle Aufmerksamkeit bekommt. Das ist einfach nur frischer.

Ja, wenn es jemanden gäbe, der sich für oder gegen Gedanken entscheiden könnte …

Genau, aber diese Vorstellung, dass es da jemanden geben könnte, ist ja selbst auch ein Gedanke. Und nur weil Gedanken kommen, ist das Bewusstsein ja nicht »weg«; du bist dir über die Gedanken bewusst oder über die Inhalte der Gedanken.

Das ist schwierig: Manchmal habe ich das Gefühl, dass sich Gedanken abspielen, aber die kriege ich genauso wenig mit wie alles andere. Zum Beispiel beim Essen ist es manchmal so, dass ich schnell esse und viele Gedanken da sind, aber eigentlich kriege ich beides nicht wirklich mit. Ich könnte gar nicht so genau sagen, woran ich da gerade denke. Manchmal kommt das Bewusstsein: »Ah, ich bin ja total in Gedanken«, aber das ist dann auch wieder weg.

Mir scheint das ein Unterschied zu sein, ob du darüber reflektierst und dich an nichts Konkretes erinnern kannst, oder ob dir direkt im Moment der aktuelle Gedanke bewusst ist. Das ist immer so: Wenn du einen Gedanken hast, dann muss es ein Bewusstsein dieses Gedankens geben, sonst ist er nicht da. Nur ist da nicht noch ein zweiter Gedanke, der bezeugt: »So, jetzt denke ich gerade an diesen Gedanken!«, sondern nur dieser eine Gedanke ist da.

Genau. Da ist nichts, was es noch weiß oder das sozusagen nochmal betrachtet.

Ja, keine Reflexion, kein Fazit, kein Resümee: »In den letzten Minuten wurde über dieses Thema nachgedacht.«

Sondern nur: »In den letzten fünf Minuten war ich in Gedanken, aber frag mich bitte nicht, worüber!«

Genau, aber *während* dieser fünf Minuten war die Aufmerksamkeit bei *diesem* Gedanken, und dann bei *dem* Gedanken ... Und die Gedanken waren so raumfüllend, dass alles andere in den Hintergrund getreten ist. Und es gab auch keine Verknüpfung: »Das ist ein wichtiger Gedanke, das merke ich mir!« Aber es war keine Bewusstlosigkeit.

Es ist, wie wenn du von einem Film völlig absorbiert bist und vergisst, dass du im Kino bist und dir keine Gedanken darüber machst, wo die Kamera in dieser Szene gestanden haben muss; du bist einfach nur voll dabei und denkst: »Tu es nicht, Julia!«

Wenn in dem Moment kein Bewusstsein wäre, dann würdest du nichts sehen. Wenn der Film aufhören würde, dann würde dir das sofort auffallen.

Ja, verstehe. Ich habe immer gemeint, dass Bewusstsein dieses Reflektieren ist.

Reflexion ist *eine* Art von Bewusstsein. Nimm zum Beispiel Träume: Du kannst einfach träumen, ohne dass dir bewusst wird, dass es ein Traum ist. Wenn es bewusst wird, dann nennt man das »Luzides Träumen«; da weißt du, dass es ein Traum ist, während du träumst. Wenn du einfach nur träumst, dann ist das Bewusstsein beschäftigt mit den Farben oder den Figuren, die im Traum auftauchen, und das Bewusstsein ist anwesend in Form dieser Farben, Figuren, Inhalte, aber nicht als Überblick, nicht als Reflexion, die sagt: »Ich weiß, dass es ein Traum ist, oder ein Gedanke.«

Ich glaube, mein Verstand neigt dazu, alles abzuwerten, woran er nicht direkt beteiligt war. Wenn er nicht sagen kann: »Das habe ich eingeordnet, abgehakt und vermerkt«, dann zählt es nicht.

»Verstand« ist nur ein anderes Wort für »Gedanken«. Gedanken laufen ab, und sie machen das ganz von selbst, ohne ein »Ich«. Das scheint nicht so wertvoll oder so spirituell zu sein wie wenn eine Instanz sich ihrer bewusst ist und sie beobachtet: der »Zeuge«.

Ja genau, das kann ich bezeugen.

»Aha, da ist dieser Gedanke, mhm.« Das scheint irgendwie besser. Und das kann sich natürlich auch besser anfühlen; wenn da zum Beispiel irgendwelche Sorgen kommen oder Gedanken wie »Ich bin so ein Idiot!«, dann kann es erleichternd sein, zu erkennen, dass das nur Gedanken sind und nichts Reales. Dann können sie vielleicht hinterfragt werden. Aber auch da geht es nur darum, was sich besser anfühlt. Es ist auch keine Instanz und kein Zeuge, der erkennt, sondern einfach nur Erkennen.

Ja, ich habe wohl den Begriff »Bewusstsein« zu eng gefasst. Mir schien es immer, als gäbe es Bewusstsein und Nicht-Bewusst-Sein, und Bewusstsein war nur das, was der Verstand aufzeichnen kann.

Ja, worüber man reflektieren kann.

Genau. Und das scheint ja ein sehr kleiner Bereich zu sein. Wenn man mal einen Tag anschaut, 24 Stunden, wie viel davon zeichnet der Verstand schon auf? Aber wie würdest du diesen Bereich nennen, der aufzeichnet oder reflektiert?

Ich nenne es einfach »Reflexion«, oder »Überblick«. Du könntest es auch »Meta-Bewusstsein« nennen: Bewusstsein darüber, dass da etwas wahrgenommen wird – im Gegensatz dazu, dass da einfach nur Wahrnehmung oder Bewusstsein ist. Ein Gedanke ist Bewusstsein als Gedanke. Dieses Glas hier, das ist Bewusstsein als Glas. Du siehst es einfach, und jetzt gerade gibt es den Gedanken: »Ja, mir ist bewusst, dass da ein Glas steht.« Das könnten wir Meta-Bewusstsein nennen, aber es ist alles dieselbe Suppe, dasselbe Bewusstsein.

Ja. Und ich habe eben immer diese Unterscheidung gemacht und geglaubt, das Meta-Bewusstsein wäre irgendwie wichtiger oder besser oder etwas Besonderes. Wahrscheinlich ist es einfach manchmal nützlich und manchmal nicht.

Zu diesem Thema »Bewusstsein ist das, was der Verstand aufzeichnen kann«: Es gibt Experimente in der Hirnforschung, wo am offenen Schädel bestimmte Gehirnbereiche gereizt wurden. Zum Beispiel wurde ein Bereich stimuliert, der fürs Lachen zuständig ist, und der Patient – der ja währenddessen wach war – fing an zu lachen. Dann wurde er gefragt, warum er lacht, und er antwortete: »Sie sehen so komisch aus in diesem grünen Kittel!« oder: »Plötzlich ist mir ein Witz eingefallen.« Sofort brachte der Verstand eine Begründung fürs Lachen.

Das kann der Verstand hervorragend: Begründungen liefern. »Das ist doch klar, weil ...!« Aber das Eigentliche spielt sich jenseits all dieser Begründungen ab. All diese Erklärungen sind nur eine Begleiterscheinung: das Ministerium für Begründungen, gleich neben dem Ministerium für Schuldzuweisung. Und wenn das aktiv ist, dann scheint es »richtig bewusst«. Dann kann man einordnen und abspeichern, und man hat das Gefühl, Überblick zu haben und Herr der Lage zu sein.

Die Nichts-Vorstellung

Was ist Nichts? Das finde ich wahnsinnig faszinierend! Aber sobald ich versuche, mir das Nichts vorzustellen, fängt das Denken an, das in sinnliche Komponenten zu fassen – und dann ist es eben nicht mehr Nichts. Es ist schwer, eine Vorstellung vom Nichts zu haben.

Ja, es ist unmöglich, eine Vorstellung von Nichts zu haben. Jede Vorstellung davon ist falsch, weil sie »etwas« darstellt. »Nichts« ist ein behelfsmäßiger Ausdruck für etwas Unbeschreibliches: Leere, Offenheit, Weite, Stille … Das sind auch nur Wörter, die es anklingen lassen. Eine andere Beschreibung wäre: alles, was hier ist. Das hier, alles, was erlebt wird, ist eine Darstellung des Nichts.

»Was ist Nichts?«, das ist genauso unmöglich zu beantworten wie »Was ist Gott?« Eigentlich ist es dieselbe Frage. Aber jeder hat ein Gefühl für die Wahrheit, ob bewusst oder unbewusst. Wenn ich bei dem Gedanken oder dem Wissen bleibe, dass ich ein Geschöpf Gottes bin, dann kann ich auf dieser Ebene bleiben. Von dort aus belasten mich andere Gedanken oder Gefühle nicht, sondern ich kann sie akzeptieren und in der Ruhe bleiben. Wenn ich meditiere oder bete, dann hilft mir das, im Sein zu ruhen, und das macht es leichter zu erkennen, was ich wirklich bin.

Es gibt Techniken, um ruhiger zu werden: meditieren, Baldrian nehmen, Mantras und Affirmationen sprechen …

Meinetwegen ist da der Gedanke, täglich Yoga zu machen; das ist wirklich gut für die Gesundheit, und es entspannt auch. Sagen wir, dieser Gedanke setzt sich durch und wird in die Tat umgesetzt. Dadurch kann das Leben leichter oder angenehmer werden.

Nur braucht das, wovon ich rede, keine Technik und keine Übung. In dem Moment, wo es um eine Technik geht, die helfen soll, etwas zu erkennen oder »im Sein zu ruhen«, da erhärtet sich wieder die Vorstellung: »Das ist es jetzt noch nicht, und ich bin jemand, der irgendwo hinkommen und ein Ziel erreichen muss.«

Was ich meine, ist das, was immer da ist. Da ist Nichts, und es zeigt sich als Alles. Das ist immer so. Ruhe und Unruhe sind dasselbe Nichts. Unruhe heißt einfach: Nichts zeigt sich als Unruhe. Die Schwierigkeit mit dem Wissen ist, dass »Nichts« nicht gewusst werden kann. Was willst du da wissen? Tja, nichts.

Ja, genau. Es ist nur eine Ahnung, ein Gefühl.

Ja, ein Gefühl von Nichts, das du in *allem* findest. Was ist Nichts? Hier, der Stuhl!

Nichts, oder alles.

Nichts als alles, ja.

vier

Vorstellungen über Bewusstheit

An diesem Abend sitzt man hier und macht sich immer wieder bewusst, dass da nichts ist. Konzepte und Vorstellungen werden ganz einfach durchschaut. Also heute Abend ist wohl jedem klar – und wenn auch immer nur für einen kurzen Moment –, dass da nichts ist. Bis er dann in sein Auto steigt und mit allem wieder anfängt.

Aber das ist bei uns doch mehr der Verstand! Intellektuell können wir das alle nachvollziehen: »Ja, stimmt, da ist ja kein ›Ich‹.« Aber wirklich glasklar zu sehen, dass niemand da ist – das ist ein großer Unterschied.

Wenn du vom klaren Sehen sprichst, dass niemand da ist … Mich verwirrt das, denn ich stelle fest: Jeder ist oft nicht da, nur wird das nicht gesehen. Wenn ich zum Beispiel einen spannenden Film anschaue oder längere Zeit Auto fahre, dann bin ich zwischendurch nicht da. Das sehe ich aber nicht, denn sobald ich das sehe, ist ja wieder jemand da.

Aber das ist eben keine wirkliche Bewusstheit, kein klares Sehen! Vor dem Erwachen vergisst du »dich« auch mal: Auf deiner Autofahrt bist »Du« zwar zwischendurch verschwunden, das kriegst du aber nicht mit. Aber nach dem Erwachen, wenn du klares Sehen hast, dann ist dir bewusst, dass »du« nicht da bist. Du machst also die Autofahrt mit und siehst die ganze Zeit: Da fährt niemand. Von einem erleuchteten Standpunkt aus wirst du zum Beispiel selber nie mehr wütend, sondern du siehst, dass da eine wütende Person ist, ohne mit ihr identifiziert zu sein.

Wie ist es denn bei dir, Dittmar – ist dir die Ichlosigkeit ständig bewusst?

Nein, es gibt überhaupt nichts, was mir ständig bewusst wäre. Die Erwartung, dass die Aufmerksamkeit permanent auf die Ichlosigkeit fixiert bleiben soll, hat für mich nichts mit der Wirklichkeit zu tun. Du hast zum Beispiel keinen Hut auf. »Siehst« du ständig, dass du keinen Hut trägst? Ist dir deine Hutlosigkeit dauernd bewusst?

Nein, das nicht.

Nur wenn es gedacht wird, ist das »Ich« ja überhaupt ein Thema! Die Aufmerksamkeit muss sich nicht ständig mit dem »Ich« oder seiner Abwesenheit beschäftigen, und sie muss keinen »erleuchteten Standpunkt« einnehmen. Jeder Standpunkt ist eine Einschränkung, eine Fixierung auf einen einzelnen Aspekt des Erlebens.

Die Aufmerksamkeit richtet sich von Natur aus auf das, was sich ändert. Wir können das als Vordergrund/Hintergrund beschreiben: Hintergrund ist das, was gleich bleibt; Veränderungen treten in den Vordergrund. In diesem Sinne ist Bewusstsein der Hintergrund des Erlebens, und die Inhalte des Erlebens bilden den Vordergrund.

Die Aufmerksamkeit kann sich auch dem Hintergrund zuwenden, und dann wird das Nichts spürbar, in dem sich alles abspielt. Diese grenzenlose Stille fühlt sich sehr frei, entspannt, »magisch« an, wie eine Erlösung: »Ruhe in Frieden!« Das fühlt sich so richtig an, dass es wie ein Rückschritt oder ein Fehler erscheinen kann, wenn die Aufmerksamkeit wieder zum »Normalbetrieb« zurückkehrt. Dabei ist das einfach nur der Lauf der Dinge und die natürliche Funktion der Aufmerksamkeit. Und genauso natürlich kann der Wunsch auftauchen, immer wieder zu dieser Stille zurückzukehren, heimzukommen – so wie es auch im Tiefschlaf geschieht.

[*Stille …*]

Man ist öfters mal nicht da und dann wieder doch, und ich habe keine Kontrolle darüber. Ich suche dauernd jemanden, der das kontrollieren könnte, aber ich finde auch keinen. Nicht dass mich das total glücklich macht …

Ich suche immer noch irgendetwas, aber ich weiß nicht mehr, was. Ich kann mich so lange beobachten, bis ich in Tiefschlaf falle; dann bin ich wohl immer noch da, aber das nehme ich nicht mehr bewusst wahr. Ich habe mir da lange den Kopf zermartert, als ich Nisargadatta gelesen habe: »Im Tiefschlaf noch bewusst sein«, das hat mich komplett wahnsinnig gemacht! Ich habe mich dann im Bett beobachtet, bis ich eingeschlafen bin, und dann war einfach keine

Beobachtung mehr da. Was im Tiefschlaf ist, kann ich nicht bewusst wahrnehmen. Ich bin da, aber ich bin mir darüber nicht so bewusst wie jetzt. … Was muss ich denn da noch finden?

Egal ob es bewusst ist oder nicht – es bleibt immer dasselbe: Aus dem Nichts tauchen Sachen auf.

Du bist im Tiefschlaf, dann taucht aus dem Nichts ein Traum auf. Dann ist wieder Tiefschlaf. Dann taucht aus dem Nichts das Geräusch des Weckers auf. Dann siehst du die Badezimmertür aus dem Nichts auftauchen, und aus dem Nichts taucht der Gedanke auf: »Verdammt, Montag!« Das taucht alles einfach so aus dem Nichts auf.

Ja, das taucht ständig auf!

Und dann kommen aus dem Nichts Gedanken: »Ach, wenn ich erleuchtet wäre … aber dieser Gedanke ist ja schon eine Falle«; »Jetzt müsste mir irgendetwas bewusst sein«; »Wenn ich den vollen Durchblick hätte, dann würde es mir besser gehen.« All das taucht einfach so aus dem Nichts auf und verschwindet gleich wieder ins Nichts.

Das alles ist also eigentlich Nichts, und es bleibt auch Nichts, wenn es erscheint. Daher ist es auch egal, als was das Nichts auftaucht, ob als »Verdammt, Montag!« oder als »Mir ist bewusst, dass ich im Tiefschlaf bin.«

Alles taucht aus dem Nichts auf, und das Nichts ist auf eine interessante Art bewusst. Ein Aspekt des Lebens ist, dass uns manche Dinge nicht bewusst sind. Dir ist zum Beispiel nicht bewusst, was jetzt hinter dir ist.

Die Frage ist, ob das überhaupt existiert. Wahrscheinlich nicht. [Dreht sich um:] *Aber jetzt schon!*

Ja, jetzt taucht es aus dem Nichts auf. Egal ob es bewusst ist oder nicht, ob es existiert oder nicht – es ist sowieso Nichts! »Gibt es das oder nicht?«, diese Frage stellt sich ja nur, wenn sie gestellt wird. Es taucht halt auf, wenn es auftaucht.

Und so taucht eben auch der Gedanke auf: »Ich müsste etwas finden, etwas erkennen.« Wenn dieser Gedanke geglaubt wird, wenn es also eine Fokussierung auf den Gedanken gibt, dann scheint das zu bedeuten: »Also das hier ist es jedenfalls noch nicht. Da müsste noch etwas anderes aus dem Nichts auftauchen, oder alles müsste im Nichts verschwinden oder so …«

Aber die Fokussierung kann ja auch niemand steuern, oder? Ob und wann ein Gedanke durchschaut wird – das passiert oder nicht. Ich habe das lange versucht, aber das ist ja wieder nur eine Vorstellung. Alles ist ein spontanes Geschehen. Auch bei einem traurigen Gedanken kann ich nicht immer sagen: »Ich habe das jetzt drauf; ich erkenne, das ist nur eine Geschichte.« Sondern einen Großteil des Tages bin ich in irgendwelchen Gedanken-Geschichten, und mittendrin wird das mal erkannt, und »ich« bin wieder weg, aber dann geht's schon wieder los.

Ja, alles geschieht spontan. Alles kommt und läuft so dahin. Es ist nicht wichtig, sondern einfach nur da.

Ich weiß auch, dass diese ganze Suche illusorisch ist, weil sie gar nicht existiert, bis ich über sie nachdenke. Wenn ich mich mit jemandem angeregt unterhalte, dann bin »ich« nicht da, ohne es zu merken. Da ist dann nur Reden da, und obwohl es mir nicht bewusst ist, gibt es überhaupt kein Problem. Das entsteht erst, wenn ich darüber nachdenke.

Es ist ein gedankliches Problem – mit energetischen Auswirkungen: Wenn du glaubst, dass ein Monster hinter dir lauert, dann bringt das eine gewisse Anspannung mit sich. Insofern ist es auch eine energetische Sache. Wenn du denkst: »Ich muss es richtig machen«, dann ist das mit Anspannung verbunden. Aber trotzdem ist es einfach nur ein Gedanke, der zu dieser Anspannung führt. Vielleicht kommt noch ein Gedanke hinzu: »He, da läuft doch etwas falsch, sonst wäre da keine Anspannung!« Und so geht's dann im Kreis.

Das erscheint alles einfach so aus dem Nichts, und nichts davon muss sich ändern. Die ganze Anspannung kommt aus dem Gedanken »Das muss anders werden; das ist noch nicht ›Es‹, noch nicht ›Nichts‹ genug, noch nicht ›Alles‹ genug.« Daraus entsteht eine Anspannung, die den Eindruck erweckt, »ich« müsste das alles in den Griff kriegen. Und auch das ist nur etwas, das aus dem Nichts auftaucht.

Muss ich das Nichts verstehen?

Und ich muss das Nichts auch nicht verstehen, oder? Ich habe das von den Büchern noch so drinnen: das Gewahrsein und der Inhalt des Gewahrseins und dies und das …

Verstehen ist dazu da, um *etwas* zu verstehen – nicht, um *Nichts* zu verstehen! Nichts – was willst du da verstehen? Da gibt es keinen Ansatzpunkt. »2 + 3 = 5«, das kannst du verstehen, oder wo dieses Geräusch herkommt. Aber wenn es kein Geräusch gibt, dann gibt es auch nichts zu verstehen.

Wenn ich im Fernsehen etwas anschaue, was mir gefällt, dann ist niemand da, dem bewusst ist: »Da ist das Gewahrsein und der Inhalt« – das ist ja auch nur ein Konstrukt, oder?

Du sitzt also vor dem Fernseher, oder ganz technisch ausgedrückt: »Der Körper sitzt vor dem Fernseher.« Du schaust den Film an, und dabei kommt der Gedanke: »Mädel, geh bloß nicht in den Keller! Oh, sie geht doch in den Keller, oh nein!«

So ein Gedanke taucht auf, aber ohne »dich«. Da ist einfach nur das Schauen und die Spannung und der Gedanke: »Nein! Oh, sie macht's doch.« Und so ist es auch bei allen Variationen des Gedankens »Das ist es jetzt noch nicht« – »Es muss anders werden; es braucht mehr Bewusstheit, mehr Liebe, mehr Klarheit, mehr Offenheit, mehr irgendwas«: All diese Vorstellungen kommen einfach so, ohne Autor, ohne Besitzer, ohne »dich«.

Wenn ich darauf achte, dann tut sich sofort ein Raum auf, wo schon klar ist, dass kein »Ich« existiert. Dieser Raum selbst kommt mir vor wie einfach nur Existenz oder Sein. Aber selbst das ist nur eine Beobachtung; auch dieses Seins-Gefühl fällt im Tiefschlaf noch weg.

Oder die Aufzeichnung fällt weg, weil es nichts aufzuzeichnen gibt. Um zu sagen: »Jetzt ist mir das und das bewusst« müsstest du reflektieren, aber im Tiefschlaf gibt es keine Reflexion. Da ist einfach nur Sein, ohne »Etwas«. Sein und Nichts ist dasselbe.

Man muss es auch nicht verstehen; es ist einfach so. Da ist das Nichts, und dann kommt etwas und geht wieder.

Ja. Da gibt es nichts zu verstehen. Nur Konzepte können verstanden werden, aber die sind nicht nötig. Man braucht nur dann ein Konzept, wenn man versucht, durch die Augen von Nisargadatta oder wem auch immer zu sehen und dieses Erleben nachzuahmen: »Wie ist die spirituell korrekte Sichtweise?«

Die einzige Autorität ist das, was du erlebst. Dieses Erleben ist das Einzige, was direkt da ist und immer da ist.

Wenn du ein Konzept aus einem Buch übernimmst, dann kannst du dich ab und zu mal an dieses Konzept erinnern – aber das ist nicht immer da. Es existiert nur, wenn die Erinnerung daran auftaucht. Was aber immer präsent ist, ist das Erleben, als Wecker oder als Fernseher oder als was auch immer es gerade auftaucht.

Das stimmt. Aber auch wenn das eigentlich alles klar ist, gibt es immer noch etwas, das glaubt, es müsste anders sein. Ich war vor ein paar Monaten auch in München, als Tony Parsons da war, und ehrlich gesagt war ich ziemlich enttäuscht. Er war schon witzig, aber er hat immer von diesem »Shift« gesprochen, von einem Sprung, der stattfindet, weil das »Ich« verkörpert ist, total zusammengezogen, und irgendwann kommt dann der Riesen-Shift und dann fällt alles weg und es ist nur noch Liebe da. So hat er es geschildert, und dann denke ich mir: Na, das kann dann ja wohl noch nicht dieser Shift gewesen sein. Aber wenn ich einfach nur nachschaue, dann ist klar, dass alles ohne »Ich« passiert, und welcher Shift soll dann kommen?

Es gibt Shifts, wenn wir das jetzt so nennen wollen: Momente, wo absolut klar ist, dass das »Ich« eine Vorstellung ist, die nur da ist, wenn sie gedacht wird. Wenn sie gedacht und geglaubt wird, dann bekommt sie Energie, und diese Energie fühlt sich ziemlich zusammengezogen an, weil das »Ich« ja angeblich den Laden zusammenhalten muss und sich zusammenreißen muss, um die Lage zu meistern.

Das fühlt sich wie eine Begrenzung an, als wären wir auf den Körper begrenzt.

Dann kommt einer dieser Momente, wo völlig klar ist, dass diese Begrenzung nicht real ist, und wo dieses Zusammenziehen einfach weg ist. In solchen Momenten ist auch klar, dass niemand da drinnen ist, der den Laden schmeißt. So wie zum Beispiel niemand dieses Nicken macht, und das Lachen und das Reden ... alles passiert einfach von selbst, ohne Zutun. Alles taucht einfach so aus dem Nichts auf – Wahnsinn! Wow, da ist alles! Dann meint man: »Das hier ist das ›richtige‹ Erleben.« Und damit ist man sozusagen schon wieder auf dem Weg hinaus – nicht wirklich, aber es scheint so. Der Wunsch kommt, dieses Erleben beizubehalten, es »ab jetzt« immer zu haben – und schon gibt es Projektionen in die Zukunft. »Denn das ist viel besser als früher« – da kommt die Vergangenheit ins Spiel. »Der Weg hat mich hierher geführt; jetzt bin ich schon ziemlich weit in meiner spirituellen Entwicklung« – und damit bist »du« wieder voll da, als Gedanke und als energetisches Zusammenziehen.

Es ist immer so eine Sache, das zu interpretieren, was jemand anders gesagt hat, und da kommt auch wieder das Thema »Autorität« ins Spiel. Aber die einzige Autorität ist das hier. Dieses Erleben! Nicht ich oder ein Buch oder sonst jemand. Aber sagen wir mal, diese Momente sind es, was Tony mit »energetischem Shift« meint. In meiner Interpretation ist es das, was er »Erwachen« nennt. Das »Ich« kommt vielleicht wieder zurück, aber in diesen Momenten, wo das Erwachen da ist, wird die Welt ganz neu gesehen, und das wirkt so viel realer, so ganz unverkleistert … Es ist wirklich wie ein Erwachen: Du wachst aus dem Traum auf. »Wow, ich habe die ganze Zeit geträumt, ich müsste mein Leben managen – und jetzt ist völlig klar: Da ist kein Manager, nur das Leben selbst, nur diese unfassbare Liebe, die aus allem strahlt …«

Danach beginnt vielleicht wieder dieses Zusammenziehen, und die Gedanken laufen weiter, wie sie es schon immer gemacht haben. Das kann ziemlich ernüchternd wirken und den Gedanken einladen, dass etwas nicht stimmt. Es scheint wieder, als wäre da eine Instanz, die jetzt aber schon etwas weiter ist – ein spirituelleres »Ich«, das versucht, wieder zu diesen klaren Momenten zurückzukehren, wieder zu erwachen.

Was Tony (in meiner Interpretation) »Befreiung« nennt, ist zu sehen, dass da immer Einssein ist und nie etwas anderes. Selbst wenn ein Gedanke kommt, der »verdammter Mist!« sagt, dann ist das Einssein, das sich gerade als der Gedanke »verdammter Mist!« manifestiert. Und wenn man mit Tony ein bisschen zu tun hatte, dann weiß man, dass solche Gedanken durchaus auch bei ihm auftauchen.

Ja, alles ist Liebe – aber die Liebe zeigt sich darin, dass alles frei auftauchen darf, so wie es das eben tut. Nicht nur »Ich sehe nichts als Liebe in jedem Wesen«, sondern auch »Pfui Teufel, der Typ stinkt!« Das ist genauso »Es« und darf genauso frei auftauchen. Da ist keine Instanz, die sagt: »Ich sollte das viel spiritueller sehen; auch er ist ein Kind Gottes« oder so etwas – sondern alles, was geschieht, ist

»Es«, und die Befreiung liegt darin, das zu sehen: Der Gedanke »Verdammt, schon wieder Montag!« ist auch »Es«.

Ich hatte mir eigentlich vorgestellt, dass ich durch das Erkennen ins Nichts flüchten könnte, dass ich mich vom Leiden distanzieren und abtrennen kann. Aber das funktioniert ja nicht, denn wohin soll ich mich abtrennen? Zu denken, dass da das Nichts ist, was das Leid wahrnimmt, ist ja auch nur eine Vorstellung; tatsächlich ist einfach Leid da. Ich sehe, dass es niemand macht, aber das Leid ist da.

Wohin sollst du dich abtrennen, und was soll sich da abtrennen? »Ich möchte mich distanzieren, ich möchte Abstand vom Erleben haben« – dieser Gedanke lässt das »Ich« wieder real erscheinen. Denn wenn man überhaupt etwas »das Ich« nennen kann, dann genau diesen imaginären Abstand zum Erleben! Den Wunsch, das Erleben aus der Distanz zu betrachten, um es zu steuern oder unberührt über allem zu stehen.

Wenn diese Distanz als Illusion durchschaut wird, dann stirbt auch jede Hoffnung auf eine Rückzugs- oder Kontrollmöglichkeit. Ohne Abstand kannst du nirgends hin ausweichen, wenn Traurigkeit entsteht.

Aber wenn es kein »Ich« gibt, keine kleine Person, die versucht, irgendwohin zu kommen oder etwas weg zu schieben, dann taucht diese Traurigkeit auf und das Vogelgezwitscher und die Kinderstimmen und die Wärme hier im Raum und der Luftzug … alles taucht gemeinsam auf. Es ist nicht so »schlimm«, dass diese Traurigkeit auftaucht, weil sie auftauchen darf; sie bezieht sich auf kein Zentrum und auf niemanden, der etwas dagegen hat. Ohne diesen Bezug kommt einfach Traurigkeit, so wie das Vogelzwitschern und die Wärme und wie alle anderen Gefühle auch.

Du kannst Traurigkeit spüren und das T-Shirt spüren. Gibt es denn einen grundsätzlichen Unterschied zwischen dem Gefühl von Traurigkeit und dem Gefühl, dass das Knie wehtut? Ist in einem von beiden mehr »Ich«?

Nein.

Wenn einem das Knie wehtut, dann könnte das Gedanken mit sich bringen, dass man etwas unternehmen muss. Und es könnte sinnvoll sein, diesen Gedanken zu folgen und mal zum Orthopäden zu gehen, Sport zu treiben oder Sport zu lassen … Genauso kann es auch bei Traurigkeit sein: Da kommt ein Gedanke an die Eltern und macht traurig. Dann taucht die Frage auf: »Kann ich ihnen irgendwie helfen?«, und die Antwort ist vielleicht: »Ja«, und eine Idee entsteht, vielleicht aber auch: »Nein, da kann ich nichts machen.«

Dass Gedanken entstehen, heißt also nicht, dass etwas verkehrt ist oder falsch gesehen wird, sondern es ist der natürliche Lauf der Dinge.

fünf

Plaudern und Vogelzwitschern

Wenn ein Thema auftaucht, dann besprechen wir das. Wenn nicht, dann ist es still, oder wir plaudern ein bisschen.

Früher habe ich da sehr streng unterteilt: Das ist Geplauder über unwichtiges Zeug, und das sind die wirklich wichtigen Themen. Und ich habe oft eine Anspannung oder ein Zusammenziehen gespürt, wenn ein Gespräch in Plauderei ausartet. Aber manchmal gibt es diesen Unterschied überhaupt nicht; das ist dann sehr entspannt, weil es dann egal ist, worüber gesprochen wird.

Das Schöne am Plaudern ist ja, dass es völlig unwichtig ist. Es ist wie Vogelgezwitscher.

Und manchmal scheint ein Thema wahnsinnig wichtig, und ich denke: »Jetzt kommt gleich was, ja nichts verpassen! Vielleicht kommt jetzt genau die Information …«

… die noch gefehlt hat.

Genau: das neunte Geheimnis! Aber dieses ganze Thema ist ja auch etwas, wofür nur in solchen Kreisen wie unserem überhaupt Interesse besteht. Es gibt ja viele Men-

schen, die sich überhaupt nicht für Satsang oder so etwas interessieren, sondern vielleicht eher für Fußball. Ich hatte auch den Anspruch, mich nur mit Menschen zu umgeben, die Interesse an den wirklich wichtigen Dingen haben …

… nämlich an dir.

Ja, so könnte man das sagen.

Fernsehverbot aufgehoben

Hier in der Gruppe ist es ziemlich leicht, das »Ich«-Konzept zu durchschauen. Und diese Entwicklung, das »Ich« abzulegen, geschieht bei manchen Leuten ja relativ schnell, bei anderen dauert es vielleicht länger – da gibt es ja eigentlich auch keine Wahl. Man kann sich nicht entscheiden, das zu trainieren oder nicht.

Täglich eine Viertelstunde »Ich«-Ablegen vor dem Frühstück!

Also kann man dem Gedanken, dem »Ich«-Konzept auch einfach zuschauen.

Klar, es ist ja auch nichts verkehrt am »Ich«-Konzept. Du kannst ihm zuschauen und seine Geschichten verfolgen, genauso wie du einen Spielfilm im Fernsehen anschaust.

Wo du das ansprichst: Ich hatte vor ein paar Jahren aufgehört, Filme anzuschauen, weil ich das für eine Ablenkung gehalten habe, für sinnlose Zerstreuung. Genauso beim Autofahren: »Jetzt darf ich kein Radio hören, sondern achte lieber darauf, im Moment zu sein. Jetzt muss ich da sein!« – so ein Schwachsinn!

Aber was für eine Erleichterung, das zu erkennen, oder?

Ja, das macht so viel Spaß, jetzt einfach wieder zu tun, wonach mir ist!

Dittmars Kurz-Geschichte

Darf ich dich fragen, wie du dazu gekommen bist, ohne diese »Ich«-Instanz zu sein?

Da war nie eine Instanz. Es gibt da keinen Unterschied zwischen uns; du bist nicht »die mit der Instanz« und ich »der ohne«. Nur der *Glaube* an Instanzen ist weggefallen. Im direkten Erleben gibt es sie einfach nicht.

Wenn du einen Raum nach deinen Autoschlüsseln durchsuchst und der Raum ist leer und du schaust nochmal und denkst: »Das gibt's doch nicht!« und schaust nochmal, aber da sind einfach keine Autoschlüssel – dann akzeptierst du irgendwann: »Gut, da sind keine Schlüssel.« Vielleicht fällt dir dann auch ein: »Ach, ich habe ja gar kein Auto!«

Oder um es mal »geschichtlich« zu beschreiben, »wie ich dazu gekommen bin«: Es sind immer wieder Erlebnisse aufgetaucht, wo ganz eindeutig nichts da war, was »Ich« genannt werden könnte. Nichts, was den Laden zusammengehalten hätte oder am Ruder gewesen wäre.

Dann kam der Gedanke: »Jetzt habe ich den Durchblick. Jetzt weiß ich, wie es geht: Man muss nur loslassen und offen sein« … und so weiter. Das hat im nächsten Moment aber schon nicht mehr funktioniert. Es gab einfach kein Rezept für dieses Erleben. Wenn also als Nächstes Anspannung auftauchte, dann brachte sie auch den Gedanken mit sich: »Jetzt mache ich etwas falsch« – obwohl das ja völlig dem Erleben widersprach, dass da nichts und niemand ist.

»Um niemand zu sein, muss ich etwas tun oder lassen« – diese Überzeugung hat sich verflüchtigt. Bei näherer Betrachtung ist sie einfach lächerlich. Es gab keine Entscheidung, sie abzulegen; sie taucht einfach nicht mehr auf.

Freiheit

Ich lese momentan ein Buch von Papaji, der sagt: »Du brauchst keine Übungen und keine Meditation; du musst nur erkennen, dass du frei bist.« Das macht mir einen Knoten ins Gehirn, dieses »Du brauchst es einfach nur zu tun« – wie tut man das? Das funktioniert einfach nicht so.

Stimmt, das funktioniert nicht so. Da stehen erst mal ein paar Fragen im Raum: Wer bist du, was ist mit »Freisein« gemeint und wie kannst du erkennen, ob du frei bist?

Dass es überhaupt wichtig ist zu erkennen, dass man frei ist, setzt voraus, dass man sich für unfrei hält.

Ja, das ist richtig.

Wir würden nicht sagen: »Du brauchst nur zu erkennen, dass du auf dem Stuhl sitzt.« Das ist sehr einfach. Woran würdest du merken, dass du frei bist oder unfrei bist?

Allgemein wird ja die Gedankenstille als Zeichen dafür gesehen.

Also ist Freiheit Gedankenstille?

Vielleicht. Ich weiß es ja nicht so genau.

Lass uns mal schauen, was Freiheit mit Gedanken zu tun hat. Wir haben da zwei mögliche Beschreibungen: Freiheit *von* Gedanken oder Freiheit *für* Gedanken. Das heißt, Gedanken dürfen einfach frei auftauchen, so wie sie es eben tun – so wie wir ja auch keine Geräusch-Stille brauchen. Geräusche können da draußen auftauchen, das ist kein Problem. Genauso können auch Gedanken frei auftauchen; das ist schon mal eine Art von Freiheit für die Gedanken. Die spielen so vor sich hin, wie sie es halt machen. »Die Gedanken sind frei.«

Das andere ist Freiheit von Gedanken. Das heißt: Die Gedanken, die auftauchen, betreffen dich nicht. Auch wenn Gedanken manchmal Gefühle mit sich bringen – man denkt: »Oh, Mist!« oder: »Oh, toll!«, und das bringt die entsprechenden Gefühle mit sich –, passiert das von selbst, ohne dein Zutun.

Also bist du frei von Gedanken. Du bist die Stille, in der die Gedanken auftauchen. Aufs Sehen übertragen ist da dieser Raum, in dem viele Farben auftauchen. Wenn der Kopf sich bewegt, dann ändert sich das Blickfeld und andere Farben tauchen auf. Du würdest nicht denken: »Um frei zu sein, dürfen keine Farben auftauchen. Freiheit bedeutet reine Klarheit ohne jede Farbe und ohne dass irgendetwas passiert.« Genauso ist es beim Denken: Da ist dieser Raum, in dem Gedanken auftauchen. Gedanken sind etwas, das meiner Erfahrung nach – und wahrscheinlich auch eurer Erfahrung nach – ziemlich oft im Lauf eines Tages passiert. Fast so oft wie Farben sind auch Gedanken da.

So wie Ameisen herumlaufen, so laufen auch die Gedanken. Das ist Gedankenfreiheit, Freiheit für Gedanken. Und Freiheit von Gedanken heißt nicht, dass keine

Gedanken kommen, sondern dass es niemanden gibt, der etwas mit den Gedanken machen muss, niemanden, der sie managen muss, niemanden, der für die Gedanken verantwortlich ist.

Stimmst du mir so weit zu?

Ja, klar. Okay, insofern muss sich nichts ändern.

Es hängt halt davon ab, was du unter Freiheit verstehst. Für mich heißt Freiheit: Alles darf frei auftauchen, wie es das sowieso tut. Unfrei fühlt es sich dann an, wenn ein Gedanke sagt: »Es sollte nicht so sein, wie es ist.«

Genau, wenn ich Widerstand leiste, wenn mir etwas nicht gefällt und ich es anders haben will.

Und dann kommt schnell der Gedanke auf: »Also sollte ich keinen Widerstand leisten.« Aber Widerstand ist ja auch nur etwas, das geschieht. Da kommt ein Gedanke: »Verdammt! Das will ich nicht!«, und dann kommt der nächste Gedanke: »So sollte ich nicht denken!« – Widerstand gegen den Widerstand; das ist nur ein weiterer Gedanke, der noch dazu kommt. Schwieriger erscheint es, wenn man das auf »sich« bezieht und sagt: »*Ich* leiste Widerstand, *ich* sollte offener sein« und so weiter. Das bringt ein Gefühl von Unfreiheit mit sich, von Nicht-Offenheit, und »*du*« hättest es gerne anders. Sonst entsteht einfach nur ein Gedanke, und ein anderer Gedanke widerspricht ihm. Vielleicht bringt jeder auch ein Gefühl mit sich und der Widerspruch, die Spannung zwischen den Gedanken, wird körperlich spürbar. Diese Gefühle tauchen genauso frei auf wie die Farben im Raum, die Klänge und alles andere.

Wir haben wohl alle mal versucht, Gedanken loszuwerden. Tja, wenn ihr lacht, vermute ich, dass ihr dabei auch nicht besonders erfolgreich wart. Das ist wie der Versuch, die Farben loszuwerden. Wir können die Farben anschauen und sagen: »Das ist eine schöne Farbe, aber das da ist eine hässliche Farbe.« Das ändert nichts an der Farbe. Genauso taucht ein Gedanke auf und dann ein zweiter, der sagt: »Das ist aber ein blöder Gedanke.« Na ja, dann hast du halt zwei Gedanken.

Um zu erkennen, dass du frei bist, reicht es zu sehen, dass alles frei auftaucht. Das scheint nur anders, wenn du denkst, dass du es bist, die Widerstand leistet und offener sein sollte. Ohne diesen Gedanken erlebst du Offenheit für alles, was auftaucht. Wir machen alle die gleiche Erfahrung: Wenn ein Gedanke auftaucht, dann ist er halt da.

Und das Erkennen ist dann aber kein Gedanke?

Man kann das in Gedanken fassen, so wie wir es gerade tun. Wir können sagen: »Ah ja, ich bin frei.« Da fassen wir Erleben in ein Wort und nennen das »Freiheit«. Wenn es *nur* ein Gedanke ist, dann bleibt er eine Theorie: »*Theoretisch* bin ich frei, theoretisch sind wir alle eins, theoretisch bin ich der Kaiser von China« und so weiter. Der Gedanke ist etwas anderes als das Erleben von Freiheit.

Also, da kommt der erste Gedanke: »Ich sollte das und das nicht.« Dann kommen zwei oder drei Gedanken, die sich gegenseitig fertigmachen. Und was dann kommen kann – die Erkenntnis, dass das eben nur Gedanken sind, die miteinander kommunizieren –, das ist dann kein weiterer Gedanke, sondern ein Erkennen.

Nehmen wir einen Gedanken wie: »In der Schublade müsste eigentlich noch Schokolade sein!« Dieser Gedanke kann auftauchen und einfach wieder abklingen, oder er kann dazu führen, dass du zur Schublade gehst und nachschaust. Genauso ist der Gedanke »Das sind ja nur Gedanken« erst mal auch nur ein zusätzlicher Gedanke, aber er kann dazu führen, dass du schaust: »Bin ich denn jetzt irgendwie verwickelt, oder tauchen die Gedanken einfach nur auf und spielen miteinander?« Und dann wird es Erleben. Du erlebst das zwar die ganze Zeit, aber weil in den Gedanken ein kleines »Ich« vorkommt, das es besser machen könnte, wird vielleicht übersehen, dass dieses »Ich« nur als Gedanke existiert. Das zu sehen führt aus den Gedanken heraus zum direkten Erleben.

Wenn das aber nicht geschieht, dann ändert das trotzdem nichts. Dann laufen die Gedanken und bringen Emotionen mit sich, Anspannung und Pläne und so weiter laufen ab. All das geschieht in diesem Erlebensraum und ist nichts als Erleben. Der einzige Unterschied ist, dass es sich meistens besser anfühlt, das klar zu erkennen, weil es viel entspannter ist. Aber Anspannung ist nicht schlechter als

Entspannung; sie ist ja auch nur etwas, das auftaucht und danach strebt, sich wieder aufzulösen.

Was wird wiedergeboren?

Wenn erkannt wird, dass alles einfach nur auftaucht und spielt, dann entsteht oft ein Plan: »Ah, jetzt weiß ich, wie ich es in Zukunft machen muss, um frei zu sein!« Und wenn das nicht als genau so ein Gedanke wie alle anderen gesehen wird, dann scheint es, als ob »ich« etwas zu tun habe. Das erschafft wieder eine Person in den Gedanken, die das Handwerkszeug hat und es eigentlich besser machen könnte, als es jetzt gerade ist. Wenn es um Freiheit für diese Person geht, dann viel Glück! Sie kann nicht frei entscheiden und nichts besser machen, weil sie nur in Gedanken existiert.

Solche Sätze wie der von Papaji können auch Verwirrung schaffen: »Du brauchst nichts tun« – das klingt, als ob es jemanden gäbe, der etwas tun könnte. Und »… außer zu erkennen« erweckt den Eindruck, als wäre das Erkennen wichtig oder notwendig. Was passiert denn, wenn es nicht erkannt wird?

Dann muss ich hier auf dieser Erde bleiben und weitermachen, bis ich es erkenne. Ich gehe davon aus, dass wir immer wiederkommen, und dass es unsere Aufgabe ist, uns zu erkennen. Das ist der Weg zurück zu Gott.

Was ist das, was immer wiederkommt?

Ein Körper mit emotionalem Körper und Gedanken-Körper und dem ganzen Drum und Dran. Also ich komme immer wieder. Das ist das, was so Schwierigkeiten hat, zu erkennen, was es denn nun eigentlich ist; Schwierigkeiten, sich selbst zu erkennen.

Wir können mal unser Erleben vergleichen: Ich erlebe es so, dass alles Mögliche auftaucht – jetzt gerade eine Stimme, Gestik, Nicken … All das taucht auf und verschwindet wieder oder wird zu etwas anderem, es verwandelt sich …

Mhm, ja.

Und in meiner Beschreibung ist es so, dass all das aus dem Nichts auftaucht. Eine Geste taucht aus dem Nichts auf und verschwindet wieder; ein Geräusch kommt und verklingt. Kommt aus dem Nichts, geht ins Nichts. Und das Nichts ist das, was erlebt – wenn wir es mal »das« Nichts nennen, als wäre es »etwas«. Das Nichts ist irgendwie bewusst, und in diesem Nichts, das völlig ungreifbar und unbeschreiblich ist, erscheinen Wahrnehmungen. Erleben wir so weit dasselbe?

Ja … ja.

Es scheint mir aber nicht so, als wäre hier [*zeigt auf sich*] ein anderes Nichts dahinter als da [*zeigt auf A.*], sondern Nichts ist Nichts und manifestiert sich jetzt gerade als unzählige Sinneseindrücke; es schaut durch sieben Milliarden Menschen und fünfhundert Milliarden Mücken und alles andere. Aber es ist alles dasselbe Nichts; insofern wird es die ganze Zeit wiedergeboren. Ob Erkennen oder nicht spielt dabei keine Rolle. Wir alle erleben im Wesentlichen dasselbe: Aus dem Nichts taucht Zeug auf und verschwindet wieder ins Nichts. Wahrnehmungen tauchen in uns auf. Und wenn wir schauen, wer wir sind, dann können wir nur sagen: »Nichts«. Lebendiges, schauendes Nichts.

Aber du sagst: »Wir erleben alle das Gleiche«, verstehe ich das richtig? Aus Sicht des Nichts, das wir sind, erlebe ja »ich als Nichts« ganz verschiedene Sachen. Von daher erlebe ich in dir nicht das Gleiche, wie ich in mir erlebe.

Es ist das Gleiche insofern, dass aus dem Nichts etwas auftaucht. Was auftaucht, verändert sich dauernd; es ist nicht immer dasselbe. Aber was gleich bleibt, ist das Nichts dahinter. Das ist immer so und bei uns allen so, dass alles aus dem Nichts auftaucht, ohne Zutun. Und es taucht auf als Sinneseindrücke: Farben, Klänge, Gefühle, Gerüche … So zeigt es sich. Da ist ein Geruch, wir gehen ein paar Meter weiter und der Geruch verschwindet wieder im Nichts. Das ist universell so.

Da ist also Bewusstsein, in dem Erfahrungen auftauchen – und zwar bei jedem, den ich kenne, angenehme und unangenehme; leckeres Essen und Sachen, die nicht schmecken; Freude, Schmerzen, Langeweile, Trauer; positive Gedanken an Blumenwiesen und Weltfrieden und negative Gedanken an Krieg und »Verdammt, fahr doch schneller!« Ich vermute, dass das bei allen so ist; zumindest ist es bei allen so, die ich frage.

Einer der beliebtesten Gedanken überhaupt ist: »Das müsste aber irgendwie anders sein«, und zwar in unseren Kreisen meistens »friedlicher«. In unseren Kreisen geht es nicht so sehr darum: »Wie werde ich reich und berühmt?« oder: »Wie kriege ich viele Groupies?«, sondern eher darum, friedlichere Gedanken zu haben, oder gar keine Gedanken, oder X, Y und Z zu heilen.

Im Erleben taucht jede Art von Empfindungen und Gedanken auf. Und was immer da ist, völlig unverändert von allen Erscheinungen, ist das Bewusstsein, das all das wahrnimmt.

Ich kann dem Leben nicht entkommen

Manchmal denke ich mir: »Ich kann dem Leben nicht entkommen.« Das ist absolut furchtbar! Wenn ich mich schlafen lege, dann verschwindet alles, aber als Nächstes taucht wieder ein Bild auf, das wieder furchtbar sein kann. Manchmal fühlt sich alles scheiße an. Aber das wechselt ständig.

Ja, guter Punkt: Das wechselt ständig!

Das hilft mir jetzt auch weiter, wenn es mir schlecht geht. Manchmal denke ich mir: »Da komme ich nicht raus«, aber eine halbe Stunde später geht's mir wieder gut. Ich verstehe nicht warum, aber es wechselt dauernd.

Die Gedanken ändern sich durch wechselnde Gefühle, und die Gefühle ändern sich durch wechselnde Gedanken. Und dann gibt's da noch alle anderen Eindrücke, die sich ständig ändern. Zum Beispiel fährt ein Auto vorbei, und aus dem Autoradio kommt ein Lied, das du im letzten Urlaub gehört hast. Das muss dir überhaupt nicht bewusst werden, aber plötzlich kommt Urlaubsstimmung auf, oder der Gedanke: »Hey, eigentlich ist doch alles ganz leicht!« Wenn aber das Lieblingslied deiner Ex-Freundin gespielt wird, dann fühlst du dich vielleicht plötzlich wehmütig und weißt nicht, wieso.

Um nochmal auf das »Furchtbar« zurückzukommen: Damit es so scheint, als würde jemand darunter leiden, braucht es einen Gedanken, der sagt: …

… »Das ist unerträglich.«

»Das ist unerträglich, das ist schon ziemlich lange so, das wird immer unerträglicher« und so weiter. Da scheint auch wieder so eine Instanz zu sein, die versucht, das von außen zu beurteilen, zu bewerten und einzuordnen.

Aber es gibt keine Möglichkeit, zu steuern, ob gesehen wird, dass das ein Gedanke ist, oder ob die Verwicklung in die Gedanken geschieht. Das kann durchschaut werden oder nicht.

Ja. Aber alle Verwicklung und Verwirrung ist begrenzt. Was grenzenlos ist und bleibt, ist die Klarheit »dahinter«, die sieht, dass Gedanken und Erscheinungen auftauchen.

Nur sind die Gefühle halt intensiv, wenn eine Vorstellung groß und nah ist und so weiter. Dann zieht sie mehr Aufmerksamkeit auf sich und wird eher für »die Wahrheit« gehalten. Das Wissen »Es ist ein Gedanke« bleibt dann im Hintergrund. Wenn es um einen schönen Gedanken geht, dann fühlt es sich gut an, und wenn es ein trauriger Gedanke ist, dann kommt Traurigkeit auf.

Also fühlst du dich manchmal auch traurig?

»Nein, nie.« – Na klar doch! Dann höre ich auch gerne melancholische Musik. Vielleicht kennst du das auch, dass Traurigkeit auch genossen werden kann. Dafür geben die Leute sogar Geld aus: Im Kino wollen wir nicht immer nur Bugs Bunny sehen. Wir wollen sehen, wie Leonardo di Caprio ertrinkt, und wir wollen mit Kate Winslet mitleiden.

Ja, manchmal hat das eine Tiefe, die auch schön ist, eine Melancholie, wenn man die Einzigartigkeit und die Vergänglichkeit sieht: Das macht mich traurig, aber da ist auch eine ganz tiefe Verbundenheit, die schön ist. Es ist wirklich schwer abzugrenzen.

Dieses Nichts ist halt »all inclusive«. Es beinhaltet alles; es ist alles, was geschieht. Und in diesem Nichts und Alles erscheint vielleicht ein Exklusiv-Gedanke: »Das sollte nicht sein, das gehört nicht hierher! Traurigkeit ist nicht spirituell!« Dieser Wunsch, Aspekte des Erlebens aus dem Erleben zu verbannen, ist der »Ich«-Gedanke.

Du siehst, wie alles entsteht und wieder vergeht. Wenn ich mir vorstelle, dass jemand, den ich liebe, stirbt, dann ist das traurig. Als Nächstes sehe ich ein Baby, und das ist viel lustiger. Aber dann kann ich denken: »Auch dieses Baby wird irgendwann sterben«, und dann wird's vielleicht wieder traurig. Im Moment ist nichts davon präsent, außer als Gedanke. Nur das hier ist da, und nichts hier ist traurig.

Der Gedanke »Es ist nicht so, wie es sein sollte, weil ›ich‹ die Finger im Spiel habe« ist völliger Größenwahn –

als könntest »du« außerhalb von allem stehen und es verschleiern. Aber auch dieser scheinbare Schleier ist »Es«!

Ja, mir ist gerade bewusst geworden, dass dieser Gedanke »So, wie es jetzt ist, ist es nicht richtig« die schlimmste Trennung ist. Das ist es, was das meiste Leid erzeugt.

Es ist aber auch das *Einzige*, was Leid erzeugt! Du kannst es immer auf einen einzigen Gedanken zurückführen: »So nicht!« – »Das muss anders werden, das geht doch noch besser!« Insofern ist es ja wirklich leicht zu erkennen: Es ist immer wieder dieser eine Gedanke, der sich dazu mischt, der sich einmischt. Und dieser Gedanke ist genauso »Es«.

Ja. Also kann man nie etwas falsch machen. Erstens gibt es ja keinen, der etwas machen könnte, und zweitens: Selbst wenn es eine totale Fokussierung in der »Ich«-Geschichte gibt, dann ist das das Leben, das diese Fokussierung spielt und auch immer wieder löst.

Dann zeigt sich das Leben als Fokussierung.

Und das ist auch in Ordnung.

Ja. Die Unterscheidung »Richtig oder falsch« gibt es nur in Gedanken – genauso wie das »Ich« von »Mache ich es richtig oder falsch?« nur in Gedanken existiert.

»Also ist dieser Gedanke falsch, und ich sollte aufhören, ihn zu denken!«

Und der nächste Gedanke!

sechs

Gestalten geschieht

Ich habe auf der Fahrt hierher darüber nachgedacht, wie die letzten Sessions auf mich gewirkt haben, was die Erfahrungen damit waren und was ich daraus ziehen konnte. Was ich toll und hilfreich finde, ist, dass Konzepte und Theorien wegfallen. Man findet ja überall Theorien, warum etwas funktioniert, statt zu sagen: »Das funktioniert halt einfach!« – und die Erfahrung so stehen zu lassen, ohne Begründung.

Das fand ich also das Schöne, aber was ich nicht so gerne mag, ist, dass du sagst: »Nichts erlebt«, denn das nimmt auch die Möglichkeit des Gestalterischen. »Nichts erlebt, alles entsteht von selbst«; mit dem Glauben, dass ich derjenige bin, der bestimmt und macht, gibt es immer noch mehr dieses Handelnde.

Tja, die Leute sagen so viele Sachen, und ich bin ja nur einer dieser Leute! Es geht nicht darum, mir zu glauben, sondern zu schauen, ob du etwas findest, das erlebt oder das gestaltet. Lass uns mal ein Beispiel nehmen, das du – zumindest früher – als »Ich gestalte« beschrieben hättest: etwas malen oder kochen oder sonst irgendetwas, wovon du sagen würdest: »Das habe ich gestaltet.« … Hast du da ein Beispiel?

Ja, eine Webseite beispielsweise; eine Idee für eine Webseite. Ich sehe das Bild und sage: »Das gefällt mir«, oder: »Das gefällt mir nicht«, und dann lasse ich es einfließen oder eben nicht.

Und wer ist das, der das einfließen lässt oder nicht?

Die gesamte neuronale Struktur halt, die das irgendwann mal gespeichert hat.

Okay, so weit die Theorie. Denn das *ist* eine Theorie; du erlebst ja nicht wirklich eine neuronale Struktur.

Nicht wirklich, nein.

Und du erlebst *dich* nicht als neuronale Struktur. Das heißt nicht, dass die Beschreibung richtig oder falsch ist, sondern dass es so nicht erlebt wird. Das ist eine Vorstellung, die aus Büchern stammt, ein Konzept als Erklärung fürs Erleben. Und auch in dieser Beschreibung einer neuronalen Struktur finden wir kein »Ich«, sondern nur Nervenzellen. Sind Neuronen die Gestalter? Wir könnten eher sagen: Es gibt keinen Gestalter, oder: Das Leben gestaltet sich selbst. Alles gestaltet sich von selbst, alles ist pure Kreativität.

Nehmen wir zum Beispiel mal diesen berühmten Ausspruch von Richard Bandler, wo er sagt: »Wer fährt den Bus deines Lebens? Du hast die Wahl; entweder steuerst du den

Bus selbst und bestimmst, wo's langgeht, oder du bist am Rücksitz angekettet.« Und wenn man hört: »Du gestaltest es nicht«, dann wird das leicht mit der Vorstellung verbunden, ein Opfer der Umstände zu sein, ein Blatt im Wind oder eben jemand, der auf dem Rücksitz festgekettet ist. Aber was ich sage, ist: »Der Rücksitz ist leer.« Da ist kein Opfer, das alldem ausgeliefert ist und mit dem das alles gemacht wird, sondern das Leben macht alles und erlebt alles. Niemand ist fremdgesteuert oder ferngesteuert.

 *Mhm. Diese Bus-Metapher hat halt den Charme, dass der Busfahrer selbst entscheiden kann, wohin er fährt. Er kann sagen: »So, jetzt fahre ich zum See.«*

 *Aber wenn der Bus nicht gut fährt oder einen Unfall baut, dann muss man sich das selber anrechnen; das ist wiederum der Nachteil dieses an sich verlockenden Bildes.*

 Ja, die Vorstellung, das Leben in den Griff zu kriegen, ist verbunden mit einer Kombination aus einerseits Größenwahn (»Ich bin der Chef, der Steuermann, der Busfahrer«) und andererseits Minderwertigkeitsgefühlen, einem Gefühl von Unzulänglichkeit: »Ich kriege es einfach nicht hin, meine Vorstellungen zu verwirklichen.« Minderwertigkeitsgefühle und Größenwahn gehen da Hand in Hand, sie wechseln sich ab.

Vorstellungen, die sich verwirklichen

Das Leben in den Griff zu bekommen, das ist ja ein sehr großer Gedanke. Aber wenn man es runterbricht, dann geht es ja um Ziele und auch um ganz kleine Ziele: Ich habe keine Milch mehr im Kühlschrank, also gehe ich in den Supermarkt, um welche zu kaufen. Dieses Prinzip kann aber auch sehr groß werden: Ich habe ein Riesen-Problem in meinem Leben, also möchte ich mein Leben in den Griff bekommen. So kommen halt Gedanken, die man verfolgt, dann lässt man sie wieder weg. Das ist doch ein Muster, das wir Menschen alle verfolgen – ich sehe nicht den Unterschied zu dem, was du gerade beschrieben hast.

Ich sage nicht, dass sich Vorstellungen nicht verwirklichen können – das tun sie ja oft, egal ob kleine oder große Ziele –, sondern dass es keinen Verwirklicher gibt, keine Instanz, die sie verwirklicht.

Nehmen wir als Beispiel mal »Milch kaufen«, oder sagen wir, das Ziel, etwas zu trinken zu bekommen. Solche Ziele erfüllen sich sehr oft: Der Impuls, etwas zu trinken, taucht auf und wird ausgeführt, indem man sich etwas zu trinken holt. Aber das passiert alles sozusagen auf Autopilot, ohne eine Instanz, die es tun würde – es ist einfach ein Gedanke und eine Reaktion auf den Gedanken.

Oft habe ich den Eindruck, dass Handlungen auch ohne Gedanken geschehen. Erfolgt denn nur dann eine Aktion, wenn vorher ein Gedanke da war?

In manchen Fällen braucht es Gedanken, zum Beispiel wenn du eine Mathe-Aufgabe lösen willst …

… aber um sich am Kopf zu kratzen nicht.

Genau. Was passiert direkt bevor man sein Bad beendet und aus der Badewanne steigt? Irgendwann steht man einfach auf, und das *kann* begleitet sein von Gedanken wie »Jetzt reicht es aber wieder« – oder es passiert eben ohne Gedanken. Die meisten Gedanken sind einfach nur Begleiterscheinungen, eine Art Zusatzkommentar: »So, dann mache ich das mal.«

Also sind Gedanken nötig für alles, was geistige Anstrengung oder Kreativität erfordert – und alle alltäglichen Verrichtungen, die einfach so ablaufen, haben relativ wenig mit Gedanken zu tun. Jedenfalls ist das meiner Meinung nach so, oder auch meinem Erleben nach; ich könnte nicht sagen, dass da viele Gedanken auftauchen.

Ja, aber das ist auch kein wesentlicher Unterschied. Ein Impuls taucht auf, egal ob muskulär oder gedanklich oder als Gefühl (zum Beispiel Hunger oder Durst). Welche Form er auch annimmt – jedenfalls ist er von selbst gekommen.

Vor dem Einkaufen taucht also eine Vorstellung von Milch auf, oder eine innere Stimme, die sagt: »Oh, ich muss noch Milch kaufen«, oder eben der Bewegungsimpuls, die Schuhe anzuziehen und loszugehen. Es könnte auch der

Vorgeschmack von Milch sein – jedenfalls taucht ein Impuls in irgendeinem Sinnessystem auf.

Welche Form der Impuls annimmt, finde ich nicht so wichtig. Viel interessanter finde ich, dass niemand diesen Impuls in Szene gesetzt hat. Kein Regisseur hat diesen Impuls auf die Bühne des Bewusstseins geschickt. Selbst wenn wir sagen könnten, dass eine neurologische Struktur das gemacht hat, dann waren es jedenfalls nicht wir.

Auch ein Gedanke wie: »Aber dann hab' ich es ja nicht in der Hand!« taucht auf genau dieselbe Weise auf, einfach so von selbst, ohne Einladung oder Inszenierung.

Ich neige ja dazu, Gedanken wichtiger zu nehmen als zum Beispiel ein Zucken im Fuß, aber dann macht das ja im Grunde von der Bedeutung her keinen Unterschied. Das ist für mich jetzt neu und hilfreich zu sagen: Ja gut, da zuckt es im Fuß, und da …

… denkt es; da laufen Worte ab.

Ja, denn es gibt da eine Tendenz, das sehr wichtig zu nehmen, was da so gedacht wird – den Inhalt sehr wichtig zu nehmen.

Ja, weil man eher sagt »Ich denke« als »Ich zucke da.« Die Identifikation mit Gedanken ist stärker oder scheint naheliegender – wir halten uns eher für Denker als für Zucker.

Und wenn man es wichtig nimmt, dann kann es sein, dass das Denken ausufert. Man kann sicher auch Zucken ausufern lassen, wenn man es sehr wichtig nimmt; und dasselbe passiert mit dem Denken.

»Dieses Zucken, woran liegt das nur? Ist das Nervosität? Was, wenn das immer schlimmer wird? Bedeutet das, dass ich ein nervöser Typ bin?«

Eine Freundin von mir hat gesagt, wenn man keine Milch verträgt, dann ist das ein Zeichen für ungelöste Konflikte mit der Mutter.

Oder mit einer Kuh. Tja, so schnell geht das mit den Konzepten: »Was bedeutet das?«

Und wenn man anfängt, darüber nachzudenken, findet sich ja immer etwas!

Es findet sich immer ein Konzept. Der übliche Einstieg ist ein Gefühl, das sich nicht besonders gut anfühlt – Nervosität oder Unzufriedenheit oder Fußzucken oder Traurigkeit –, und dann springt der Verstand an und fragt: »Was ist da los? Woran liegt das?«; er sucht eine Begründung. »Dann weiß ich wenigstens, was es ist!« Und aus dieser Erklärung ergeben sich meistens gleich die nächsten Schritte, was dagegen zu tun ist: »Vergib deiner Mutter! Sprich mit der Kuh!«

Aber dieser Ablauf ist ja in vielen Bereichen auch wichtig zum Überleben: Wenn ich das mache, führt das zu einem negativen Ergebnis; wenn ich nicht aufpasse, wo ich hintrete, dann stürze ich. Diese Geschichten machen also auch Sinn – außer dass man sie nicht als absolut empfinden muss.

Genau. Wenn zum Beispiel die Haut wehtut, dann taucht die Frage auf, was da los ist: Ist das vielleicht ein Sonnenbrand? Liegt das vielleicht daran, dass ich im Solarium eingeschlafen bin? Ein sehr einfaches Bild, das eine plausible Ursache und eine Konsequenz anbietet. Es ist also ganz klar, dass Gedanken nützlich sein können, um ein Problem zu lösen. Unpraktisch wird es nur bei Gedanken wie: »Was sagt das über *mich* aus?«

Wenn ich also zum Beispiel beim Sonnenbrand darüber nachdenke, ob vielleicht eine selbstzerstörerische Tendenz dahinter steckt, ob ich mich vielleicht nicht genug liebe, ob mir die Meinung anderer Leute zu wichtig ist, sodass ich unbedingt für sie braun sein will und so weiter – dann kann das eine wahre Gedankenflut auslösen, die buchstäblich uferlos ist!

Das geht ja schnell, vor allem, wenn man ein psychologisches Buch liest oder zum Psychologen geht, der vielleicht fragt: »Haben Sie mal darüber nachgedacht, warum Ihnen andere Leute so wichtig sind?« – und dann hat man einen Stundenplan und Dinge zu tun und zu klären und zu reflektieren und zu lösen und zu verstehen und aufzuarbeiten und zu vergeben …

Aber dass Denken grundsätzlich sinnvoll und nützlich sein kann, ist ganz klar: »Jetzt habe ich zum dritten Mal hintereinander erbrochen – was esse ich eigentlich in letzter Zeit so?«

Gerade im Fasching …

Gerade im Fasching … Das müssen wohl die Krapfen sein! Und auch wenn Gedanken nützlich sind, steckt trotzdem niemand hinter ihnen – niemand, der diese Gedanken macht oder inszeniert oder dirigiert, sondern sie tauchen halt auf wie alle anderen Sinneseindrücke auch. Wir sagen nicht: »Ich habe diesen Sinneseindruck gemacht; das Sehen der Dinge auf dem Tisch ist meine Schöpfung.«

Tatsache ist, dass dieser Sinneseindruck einfach da ist. Das ist halt gerade Erleben, und die Theorien darüber sind auch Erleben. Und nichts erlebt.

Wenn ihr aber etwas findet, das erlebt, dann wäre ich sehr neugierig darauf! Es ist also nicht so, dass ihr das so akzeptieren müsst und eine andere Sichtweise gegen unsere Satzung verstoßen würde …

»Nichts erlebt« – meinst du damit: »Da ist Nichts, und das erlebt«? »Nichts« ist ja ein etwas schwammiger Begriff.

Man kann diesen Begriff mit einer Menge Vorstellungen verbinden, und das ist alles nicht gemeint.

Wenn ich mit Worten antworte, dann antworte ich mit »etwas«, und du kannst diese Worte auch nur wieder zu »etwas« machen. Aber wenn du selber schaust, was erlebt … Im Moment sind da zum Beispiel Klänge, Farben und so weiter. Da ist Erleben. Gibt es denn jemanden, dem das Erleben geschieht, oder jemanden, der dabei aktiv wäre?

Nein, jedenfalls nicht lokalisierbar. Ich empfinde Erleben eher als Bewegung. Man ist ja eher auf einen Punkt fixiert, an dem man steht, weil man das Gefühl hat, dass da das »Ich« ist; man ist halt räumlich verortet. Und Erleben ist das, was kommt und durchgeht. Bewegung ist also schon im Gefühl da, und diese Sichtweise oder dieses Gefühl finde ich schwer abzulegen. Diese vollkommene Gleichzeitigkeit des Erlebens, oben, unten, überall ist Erleben – ich finde es schwer, mir das vorzustellen. Wir sind wohl eher auf die Sichtweise konditioniert, dass hier ein Punkt ist, auf den das Erleben zu rauscht, und mir fällt es schwer, das aufzulösen.

Du musst dir nichts vorstellen, und es braucht sich auch nichts aufzulösen. Du erlebst Bewegung, aber da ist keine Instanz, die vor einer Leinwand sitzt, auf der sich etwas bewegt. Stattdessen ist da nur eine Flut von Eindrücken. Einige dieser Eindrücke sind Farbe, Licht und so weiter, und andere sind körperliche Empfindungen. Natürlich gibt es dabei eine Lokalisierung, die den Eindruck eines »Hier« vermittelt, wo sich das meiste abspielt.

Und das Erleben entsteht dann in dem Bereich, auf den man sich gerade konzentriert.

Oder anders gesagt: Man erlebt, wie die Aufmerksamkeit sich verschiebt. Während wir hier reden, ist die Aufmerksamkeit nicht unbedingt bei der Tasse in deiner Hand, und trotzdem wird sie immer noch erlebt. Sie ist nicht verschwunden – das würdest du sofort merken.

Wir können das als Vordergrund und Hintergrund beschreiben: Worauf die Aufmerksamkeit sich richtet, bildet den Vordergrund, und der Rest ist Hintergrund, aber immer noch Erleben. Da ist nichts anderes.

Kann man statt »Erleben« auch einfach »Sein« sagen? Damit könnte man diese Konnotation von »Tun« umgehen, die das Wort »Erleben« hat und die man schwer raus kriegt.

Du kannst es natürlich auch »Sein« nennen. Wir reden jetzt über Worte, und jedes Wort ist missverständlich. »Sein« erweckt vielleicht den Anschein von etwas, das eigenständig existiert, unabhängig vom Bewusstsein. Mir gefällt das Wort »Erleben«, weil es sich in den fünf Sinnen abspielt. Ich spreche nicht vom Sein dieser Uhr, sondern vom Sehen: Schwarz, Weiß, Lichtspiegelungen, Bewegung und so weiter. Mit »Erleben« meine ich einfach die Flut von Sinneseindrücken, ohne Tun, ohne Zentrum, ohne Fixpunkt und ohne Objekt, unausweichlich, allgegenwärtig.

»Erleben« hat ja mit Leben zu tun, und »Sein« auch. Die Uhr kann nicht erleben, weil sie nicht lebt, oder?

Alles ist Erleben. Die Uhr *ist* Erleben. Es ist nicht so, dass da die Uhr ist, unabhängig vom Erleben, und dann wird sie erlebt – da ist kein Objekt, das von einem Subjekt erlebt wird, sondern *das hier* ist Erleben. Insofern ist alles lebendig, weil Erleben lebendig ist.

Das meine ich mit »Alles ist Erleben«: kein Objekt, das erlebt wird, sondern einfach nur Erleben. Und im Erleben tauchen dazu noch Vorstellungen auf, zum Beispiel wie die Uhr hergestellt wurde, wer sie gekauft hat, wie die vorige Uhr kaputtgegangen ist …

Als du gesagt hast: »Die Uhr ist Erleben«, da wollte ich noch ergänzen: »… für dich«, weil du die Uhr gerade wahrgenommen hast und es daher dein Erleben der Uhr ist. Da bin ich also gleich wieder beim »Du und Ich« und beim »Ich«-Konzept.

Es ist ja auch wirklich nützlich, zwischen »Du« und »Ich« zu unterscheiden. Wenn du mit meiner Frau nachhause fahren würdest, und ich geh heim zu deiner Frau, weil wir sagen: »Ich und du, das ist doch eigentlich dasselbe« … So gesehen ist es natürlich eine sinnvolle Unterscheidung.

Es gibt verschiedene Arten von Bewusstsein, es gibt unterschiedliches Erleben. Das heißt aber nicht, dass das verschiedene Wesen sind.

Unterschiedliche Sichtweisen

Aber wir haben alle unterschiedliche Sichtweisen, die das Erleben bestimmen. Das ist bei jedem anders.

Ja, natürlich erleben wir unterschiedliche Dinge. Wir haben zum Beispiel alle gerade unterschiedliche Gefühle an den Füßen, bedingt durch unterschiedliche Schuhe und unterschiedliche Durchblutung; wir haben unterschiedliche Kleidung an, unterschiedliches Gewicht – und natürlich eine Menge verschiedener Gedanken und Bewertungen. Das ist eine Flut von Erleben, eine Flut von Unterschieden.

Aber das unterschiedliche Erleben lädt ja wieder zum »Ich«-Gedanken ein. Ein Körper ist ja allein schon so eine Einheit von Wahrnehmung, die sich von den anderen unterscheidet durch Dispositionen und irgendwelche Krankheiten, oder dadurch, dass ich kälteempfindlich bin oder schärfer sehe als du und so weiter.

Ich finde diese Unterschiede immer schwierig. Wenn man den Körper als Einheit sehen möchte – als eine physische Einheit und auch als eine Erfahrungseinheit aus der eigenen Geschichte heraus –, dann ist man ja sehr schnell wieder beim Bild vom »Ich«. Das finde ich dann immer sehr verwirrend und sehr schwierig aufzulösen.

Was ist dieses Bild vom »Ich«? Was siehst du in dem Bild?

Irgendwie eine Einheit von unterschiedlichsten Wahrnehmungen; das finde ich schwer aufzulösen.

Aber wozu denn auflösen?

Klar, das muss man natürlich nicht. Wir haben ja vorhin gesagt, dass es einer sozialen Orientierung dient.

Um zu kommunizieren, ist es sinnvoll zu verstehen, dass andere Leute ein anderes Erleben haben. Dann behandle ich sie nicht nur als Farbkleckse in meiner Landschaft. Wenn ich zum Beispiel beim Autofahren sagen würde: »Das sind alles nur Erscheinungen, und ich hab's eilig ...«

Das wäre schlecht.

Es ist einfach sinnvoll sich zu überlegen, dass dort auch ein Erleben ist, das etwas anderes erlebt. Aber das ist nur eine Sichtweise. Eine andere Sichtweise wäre: Was erlebe ich gerade wirklich? Da *sind* nur Farben, Klänge und Gefühle, und es gibt keinen grundsätzlichen Unterschied zwischen dem, was ich dort sehe und dem, was ich hier sehe. Das ist einfach alles Sehen und alles Fühlen: Da ist mein Bein, da ist die Hose, da ist der Stuhl – all das ist einfach nur *ein* Erleben. Wenn man diese Unterscheidung aber trifft und sagt: Dieses Erleben, »mein« Erleben, ist nicht das einzige, was es gibt, sondern es gibt verschiedenes Erleben – dann bleibt immer noch die Frage, was dieses »Ich« ist.

Immer noch tauchen Sinneseindrücke für dich oder für mich auf, und sonst ist da nichts. *Da* geht das Sehen von *diesen* Augen aus – trotzdem ist niemand dahinter. Und aus allen Augen schaut dasselbe Nichts.

Ist dieses Knie ein eigenes »Ich«, ist diese Nase ein eigenes »Ich«? Du kannst sie genauso beschreiben als Erlebenseinheiten, die etwas erleben, was sonst niemand erlebt. Das linke Knie erlebt etwas anderes als das rechte Knie: Auf dem linken Knie spannt die Hose mehr, und es liegt auch mehr Gewicht darauf. Das rechte Knie fühlt sich einfach anders an – ganz zu schweigen vom Unterschied zwischen Knie und Nase, die sozusagen in verschiedenen Erlebniswelten leben!

Ein Erleben oder viele Erlebenswelten – das sind zwei Beschreibungen, die gegensätzlich erscheinen, aber im Grunde auf dasselbe hinweisen: auf Erleben. Auf Bewusstsein als Klang, als Farbe und so weiter. Bewusstsein ist nicht nur »da drinnen«, sondern überall. Alles ist Erleben der Vielfalt.

Nur das Denken erzeugt ein Bild von Trennung und Fragmentierung. Die Funktion des Denkens ist es, einzelne Objekte aus dem Zusammenhang zu lösen, zu isolieren und zu abstrahieren, um dann andere Objekte auf diese Abstraktion zu beziehen. Wenn das Denken mal aussetzt, dann wird sofort dieser eine Urgrund spürbar, in dem sich alles Erleben abspielt.

sieben

Der Zauberspruch

Bei mir ist es so ein ständiges Hin und Her. Als ich Nathan Gill gelesen habe, da gab es Tage, wo alles völlig klar war und wo es ganz egal war, wie ich auf irgendetwas reagiert habe, weil ich trotzdem sehen konnte: Das passt schon. Auch wenn ich verstrickt bin oder schlecht drauf bin – das ist es jetzt einfach.

Und dann gibt es Tage, wo das nur irgendeine komische Theorie ist, wo ich mir selber vorsage: »Das ist es jetzt.« Damit ist dann so eine Erwartungshaltung verknüpft – gleichzeitig aber auch wieder nicht, weil ich vom Hirn her sagen kann: »Jetzt ist halt gerade Nicht-Verstehen.«

Die Erwartungshaltung sagt: »Das kann es wohl noch nicht sein«, weil es sich nicht friedlich anfühlt. In manchen Situationen ist alles klar – offene Weite, in der Sachen auftauchen, die nicht unbedingt friedlich sind, aber wir sehen, wie sie von selbst auftauchen. Vielleicht kommt dann aber etwas hinzu, das sich wie ein Zusammenziehen anfühlt, und das bringt Unzufriedenheit mit sich. Wenn wir uns mit dieser Unzufriedenheit identifizieren, dann erscheint der Gedanke »Das ist alles, was es gibt« wie ein Werkzeug, ein Mittel, um aus der Unzufriedenheit herauszukommen. »Wenn ich diese Klarheit wiederfinde, dann müsste sich doch etwas an der Situation ändern. Dann müsste ich doch wieder offener werden, dann müsste ich mich doch wieder besser fühlen.« Aber alles, was in dem Moment auftaucht, ist diese Unzufriedenheit und die Gedanken, die sagen: »Verdammt, das kann es doch nicht sein! Wo ist mein Werkzeug?«, und dann sagt man: »Dies ist alles, was es gibt« – so wie man einen Zauberspruch einsetzen würde, um etwas zu verwandeln. Dann ist es keine Erkenntnis, sondern nur ein Spruch.

Das Einzige, was in solchen Situationen aber scheinbar nicht stimmt, ist der Gedanke »Es müsste anders sein.« Das einzige »Problem« – wenn wir es so nennen wollen – ist der Gedanke »So nicht«. Wenn erkannt wird, dass dieser Gedanke »So nicht« gerade auftaucht und das ist, was ist, dann kommt vielleicht als nächster Gedanke: »Okay, aber wenn ich das erkenne, dann muss es doch besser werden!« Tja, oder auch nicht.

Wenn der Verstand Taktiken entwickelt, wie man die Situation verbessern und sich wieder wohlfühlen könnte, dann macht das die Situation ja meistens viel zäher, dauerhafter, eingefrorener, als wenn Gedanken einfach nur dahinrauschen, ohne große Bedeutung. Aber das ist es halt, was der Verstand manchmal tut. Irgendetwas fühlt sich nicht »gut« an, und der Verstand beginnt, das zu analysieren: »Woran liegt das? Wie kann ich es verbessern?« Das ist halt sein Job, und das macht er ja auch oft gut! »Mir tut der Fuß weh, woran könnte das liegen? Habe ich vielleicht einen Stein im Schuh?« Das sind sinnvolle Überlegungen.

Sehr beliebt sind diese Vorstellungen, wie es wäre, wenn wir »weiter« wären, »erleuchtet« oder was weiß ich: »Dann würde ich mich eins mit allem fühlen, dann wäre ich superfriedlich und immer voll im Hier und Jetzt und hätte keine Gedanken über irgendetwas …«

Oder man sehnt sich nach einem Zustand, in dem man akzeptieren kann, dass es nicht so ist. Es kommt immer aufs Gleiche raus: Das zu sehen, empfindet das »Ich« als Freiheit; das nicht sehen und nicht akzeptieren zu können, empfindet es als Begrenztheit.

Ja, wenn es damit identifiziert ist – »*Ich* akzeptiere das nicht« –, statt dass Nichtakzeptanz auch nur etwas ist, das auftaucht: Gedanken und ein Gefühl von Anspannung und Veränderungslust. Bis dahin sind Gedanken einfach aufgetaucht wie Wölkchen am Himmel. Dann kommt eine große, dunkle Wolke und es fängt an zu regnen, und wir sagen: »Das kann ich nicht akzeptieren!« Wenn übersehen wird, dass dieser Gedanke »Das kann ich nicht akzeptieren« und dieses Gefühl von Anspannung auch nur Wolken am Himmel sind, dann sind »wir« wieder im Spiel, und es scheint, als wären wir auf die Größe der Gedanken geschrumpft, gegen die wir kämpfen. Das ist es, was uns sozusagen zum Gegenüber macht. Plötzlich ist wieder so ein kleiner Kämpfer da, der gegen die Gedanken antritt. Ein Kämpfer gegen das Erleben, der aber selbst auch nur als Vorstellung im Erleben auftaucht!

Was der Aufmerksamkeit in diesen Situationen leicht entgeht, ist, dass ja alles andere immer noch da ist. Da ist immer noch dieser Raum mit all diesen Farben und allen sonstigen Empfindungen, und darunter eben auch ein Gedanke, der sich stressig anfühlt. Aber niemand ist damit konfrontiert, niemand steht dem entgegen. Und der Raum ist immer noch da.

Ichlosigkeit und Wut

Aber wie kann man diese Theorie umsetzen, dass alles von selbst geschieht und man es einfach geschehen lassen kann? Selbst wenn ich diese Theorie verstanden habe, wie es besser wäre – in dem Moment bin ich ja wieder am Denken!

»So wäre es besser« ist ja auch nur ein Gedanke – genauso wie die »Ich«-Illusion, die Vorstellung von jemandem, der denkt und versteht und etwas umsetzt.

Was wird direkt erlebt? Das ist zum Beispiel Wärme oder Freude, aber keine Person, kein »Ich«, sondern das sind Wörter, die im Ganzen auftauchen. Im direkten Erleben gibt es keine stabile Instanz. Man kann zwar sagen: »Wenn ich diese Theorie mal umsetzen würde …« – aber das ist natürlich auch nur ein Gedanke, das ist eine Theorie, die zusätzlich auftaucht, gefolgt von dem Gedanken: »Warum habe ich im passenden Moment nicht daran gedacht?« Da gibt es dann noch ein Erinnerungsbild von »dir«, die das vorhin übersehen hat. Aber wenn du dein Erleben beschreibst, das, was wirklich da ist, dann findest du immer nur Bilder, Gefühle, Klänge, Geruch, Geschmack … sonst nichts.

Alles, was ein »Ich« beschreibt, ist nur eine Theorie. In der Praxis kommt es nicht vor; da gibt es nur Reaktionsweisen, die mehr oder weniger intelligent erscheinen.

Okay, aber woran ich am meisten scheitere, ist die Umsetzung. Es kommt Wut auf, ich denke, dass es ganz wichtig ist, wütend zu werden und meinen Willen durchzusetzen, und hinterher wird mir klar: Es war nur ein Gefühl, nur ein Konzept und so weiter. Aber in dem Moment ist es halt nicht so, sondern es wird als Wirklichkeit angesehen. Wie soll man das leben?

»Wie soll man das leben?« klingt so, als wäre da jemand, der das umsetzen soll. In meiner Beschreibung wird das alles schon gelebt. Nicht von dir – das ist ja genau die Illusion, dass du diejenige wärst, die wütend wird und denkt und Konzepte hat. Ohne dieses Du ist da einfach ein Szenario, in dem Wut in diesem Körper aufkommt – wobei im Körper gegenüber dann meistens auch Wut entsteht. Da gibt es oft Parallelen.

Durch Erleuchtung, Erwachen oder so ist ja nicht plötzlich heile Welt, sondern auch Wut taucht auf.

Ja, das ist klar.

Ob »Ich«-Vorstellung oder nicht, das passiert einfach. Der Punkt ist ja, dass das »Ich« überschätzt wird als dasjenige, das wütend wird oder die Wut einsetzt. Stattdessen ist da einfach Wut; das passiert, und ebenso Gedanken wie: »Verdammt nochmal!« Die Wut ist nicht vom »Ich« gemacht, sondern umgekehrt: Die Wut kann das »Ich« real erscheinen lassen.

Aber sie kommt ja, weil ich vorher ein Konzept hatte, wie es zu sein hat. Wenn das Konzept anders wäre oder nicht da wäre, dann würde die Wut auch nicht kommen.

Genau: Da ist ein Konzept, wie es sein sollte, und wenn das von Gefühlen unterstützt wird und geglaubt wird, aber sich nicht verwirklicht, dann gibt es Wut. Das Konzept, wie es sein sollte, ist aber auch vom Sein »gemacht«.

Lass uns mal ein Beispiel nehmen: »Der Nachbar sollte nicht auf meinem Parkplatz stehen.« Das macht wütend, aber dazu braucht es kein »Ich«, sondern nur Gedanken. Vorstellungen, die von selbst auftauchen und dem Erleben widersprechen.

Dann ist die Wut da, und was mache ich dann? Die Alternative wäre zu sagen: »Na ja, so ist es halt, er steht da.« Oder: »Es ist halt so, da ist jetzt eben Wut.« Aber »Es ist halt so« ist ja auch nur ein Konzept, nur aufgesetzt oder vorgespielt.

Oder du klingelst beim Nachbarn und bittest ihn, wegzufahren.

Und wenn er sich weigert, dann kommt noch mehr Wut auf. Wie unterbricht man das?

Mir geht es nicht darum, ein bestimmtes Verhalten zu empfehlen. Ich würde gerne diese zwei Themen unterscheiden: »Wie kann man das unterbrechen?« wäre eine Empfehlung oder ein therapeutischer Gedanke, der nichts mit »Ich oder nicht Ich« zu tun hat. Das könnte das Thema eines Patientengesprächs sein: »Was tun, wenn man wütend wird?« Aber durch Techniken zur Wut-Bewältigung wird leicht übersehen, dass das Ganze nur ein Ablauf ist: Gedanken, die zu Wut führen; Wut, die zu Gedanken führt, oder zu Handlungen, oder zum Wunsch, sie loszuwerden. Die Gedanken werden schneller und lauter und erzeugen mehr Wut, wodurch die Gedanken schneller und lauter werden. Das sind Mechanismen, die ablaufen, ohne Beteiligung von jemandem. Und ich habe vielleicht Empfehlungen dazu, wie so ein Mechanismus unterbrochen werden kann – nur kann der Wunsch, das zu unterbrechen und da einzugreifen, auch die Vorstellung eines »Ichs« bestärken und das »Ich« real erscheinen lassen. Mehr ist das »Ich« ja nicht als dieser Wunsch, einen Fuß in der Tür zu haben, einen Hebel ansetzen zu können, die Lage in den Griff zu kriegen!

Vielleicht taucht das Ideal auf, als heiter-gelassener Beobachter über der Situation zu stehen und diese heitere Gelassenheit in die Situation einströmen zu lassen, wodurch sich dann die Wut auflöst. »Also warum verdammt nochmal bin ich jetzt nicht der heiter-gelassene Beobachter?« Da ist der Wunsch, durch diese Gelassenheit eingreifen zu können, und das setzt wieder ein »Ich« voraus. Und dieser »Ich«-Gedanke macht dann Stress und lässt es real erscheinen, dass der Nachbar das aus Rücksichtslosigkeit mir gegenüber macht … Solche Geschichten erscheinen dann als die Wirklichkeit.

Mir scheint es hilfreich, diese zwei Sachen auseinanderzuhalten. Die Frage, wie »ich« gelassener reagieren kann, ist in einem therapeutischen Rahmen sehr sinnvoll – aber Therapie setzt voraus, dass sich etwas ändern soll, zum Beispiel: weniger Wut, mehr Gelassenheit. Die andere Sache ist, dass kein »Ich« da ist, egal ob sich Wut oder Gelassenheit zeigt.

Was verschwinden kann, ist also nur eine Illusion. Da ist kein reales Etwas, das dann plötzlich weg ist, sondern eine Illusion wird nicht mehr geglaubt. Trotzdem muss für ein Funktionieren in der Welt noch eine Art »Ich« bleiben: »Wer steht da im Halteverbot? Ich.« So gibt es halt Identifikationen mit dem Auto oder mit dem Körper, und das ist praktisch, damit du das richtige Auto wegfährst. Oder wie kommt es, dass du nicht meine Miete zahlst? Denk mal drüber nach!

Ja, das werde ich mal überlegen.

»Ohne das ›Ich‹ wäre es anders« – diese Vorannahme besagt: »Es ist aber nicht anders, also gibt es ein ›Ich‹.« Dieser Gedanke ist verwirrend, weil er das »Ich« real erscheinen lässt und ihm eine Macht zuschreibt, die es nicht hat. Ohne »Ich« ist alles genau so, wie es jetzt ist.

Täter

Das Schwierigste für mich zu akzeptieren ist, wenn ich mich als Täter empfinde. Das ist etwas, wo ich sage: »Nein, das sollte aber nicht sein« und auch wirklich davon überzeugt bin. Es sollte nicht sein, dass ich zum Beispiel meinen Kindern Leid zufüge.

Ich vermute mal: Wenn du die Täterin wärst, dann würdest du deinen Kindern kein Leid zufügen. Wenn es deine Entscheidung wäre, dann würdest du dich dagegen entscheiden. Du meinst es gut mit ihnen. Der Gedanke »Das sollte nicht sein« entsteht ja, weil du sie liebst.

Ja.

Dass du sie also beispielsweise anschreist, obwohl du das nicht willst, ist doch gerade ein Beispiel dafür, dass du nicht die Täterin bist: Wenn es in deiner Macht läge, dann würdest du sie nicht anschreien.

Naja, das stimmt schon. Und trotzdem bin ich es ja, die es tut.

Oder in meinem Sprachgebrauch: Trotzdem geschieht es. Ein bestimmtes Verhalten tritt auf, und dann kommt ein Gedanke: »Das war zu streng, zu lieblos, zu egoistisch …«

Genau.

Und dieser Gedanke kann ja auch eine Berechtigung haben. Durch solche Gedanken ändert sich vielleicht auch das Verhalten. Ein ganz banales Beispiel: »Verdammt, jetzt ist das Essen schon wieder angebrannt! Vielleicht sollte ich die Platte niedriger einschalten oder beim Kochen nicht mehr fernsehen« oder so. Daraus kann sich dann ja eine Verhaltensänderung ergeben – ohne dass es einen Täter dabei gibt. Da ist die Wut, Energie, die raus will und zum Verhalten führt, und dann kommt die Reue darüber. Das geschieht ohne einen Täter, es addiert sich nicht zu einem Täter zusammen.

Aber ohne den Gedanken »Das sollte nicht sein.«

Der Gedanke »Das sollte nicht sein« kann ruhig auch kommen! Das ist das Leben, das sich als dieser Gedanke manifestiert. Wenn man zum Beispiel sieht, dass irgendwo Demonstranten erschossen werden – warum sollte der Gedanke »Das sollte nicht sein« da nicht kommen? Sonst hieße das: »Der Gedanke ›Der Gedanke sollte nicht auftauchen‹ sollte nicht auftauchen.«

Du siehst zum Beispiel, dass jemand Schmerzen hat oder hungert, und der Gedanke kommt: »Das sollte nicht sein«, und daraus entsteht vielleicht der Impuls zu helfen. Genauso ist es, wenn du siehst, dass es deinen Kindern nicht gut geht, wenn sie angeschrien werden. Dann gibt es vielleicht den Gedanken: »Anschreien tut keinem von uns gut« und vielleicht eine Verhaltensänderung, vielleicht auch nicht. Aber in dieser ganzen Beschreibung kommt kein

Täter vor. Hilfsbereitschaft und Mitgefühl tauchen einfach so auf, oder auch die Frage: »Was macht mich eigentlich gerade so wütend?«

Ja, das ist eigentlich auch eher mein Weg, zu schauen: »Was tickt das in mir an, woher kommt die Wut?«

Du beschreibst es als Reiz/Reaktion: Da wird etwas angetickt, und als Reaktion, als Reflex gibt es Lautstärke. Du kannst schauen, was angetickt wird, aber in der Beschreibung kommt kein »Ich« vor, sondern nur ein Reiz und eine Reaktion, oder?

Jetzt im Moment gerade ja. Aber in solchen Situationen fühle ich mich oft so verkrampft, so gefangen in mir selbst.

Da ist dann also eine Verkrampfung. Wenn es »dich« als Entscheiderin gäbe, dann würdest du einfach locker lassen, oder?

Ja, klar.

Aber es ist halt einfach nur eine Anspannung. Und dann kommt der Gedanke: »Ich müsste doch aus dieser Verkrampfung heraus können, aber ich stecke da drinnen«, und dann fühlt sich das gefangen an, was es nicht gerade angenehmer macht …

Ja, ganz genau.

… weil die Anspannung nicht mehr als »irgendetwas, das gerade auftaucht« gesehen wird, so wie Kinder, Flecken, Geräusche, Gewicht und eben auch Anspannung. Alles taucht so auf. Aber jetzt gibt es scheinbar in alldem eine Ausnahme, wo es heißt: »Das bin ich, gefangen in der Anspannung.« Dadurch bekommt es diesen Gefängnis-Charakter, statt dass alles frei auftaucht: Kinder, der Raum, Geräusche, Anspannung, Bewegung, Atem, der Gedanke »Verdammt nochmal!« … Alles taucht gemeinsam auf. Durch die Vorstellung »Ich bin diese Anspannung, aber nicht diese Kinder-Geräusche« fühlt es sich eng an, und statt dass Enge etwas ist, das in dir auftaucht, scheinst du jetzt etwas zu sein, das in der Enge gefangen ist.

Das stimmt, in dem Moment bin ich voll damit identifiziert.

Und diese Identifikation bedeutet: Du betrachtest die Welt von dieser Anspannung aus. Und dann wird alles nervig. Das Gefühl von Genervtsein ist natürlich auch nur etwas, das gerade auftaucht, so wie auch das Schreien und zwei Minuten später die Reue.

Wir kennen uns noch nicht, aber lass mich raten: Wenn es nach dir ginge, dann würdest du lieber heitere Gelassenheit und liebevolles Verständnis ausstrahlen.

Ich fühle mich durchschaut.

Das war aber auch schwer!

Für die anderen Emotionen gehen wir dann lieber ins Kino.

Nee, das nicht, aber es gibt diese eine Emotion, die verboten ist.

Und hilft das Verbot? Taucht die Emotion dadurch weniger auf?

Nein, im Gegenteil!

Vom Therapeutischen her kann es natürlich durchaus interessant sein zu sagen: »Das ist ein wunder Punkt; vielleicht sollte ich das mal genauer untersuchen.« So würde man es ja auch machen, wenn einem das Knie immer wieder wehtut. Aber ob untersucht oder nicht: Da ist kein »Ich« im Spiel. Nur weil das Knie wehtut, bin das nicht »ich«, und nur weil es einen wunden Punkt gibt, bin das auch nicht »ich«.

Ja, das klingt ziemlich spannend.

Oft ist es ja so: Man meint es ja gut – eigentlich. »Wenn es nach meinen Vorstellungen ginge, dann wäre alles super.

Aber jetzt habt ihr mich wieder dazu gebracht, so zu reagieren, wie ich es nicht will!« Und diese Vorwürfe oder diese Schuldgefühle gießen dann Öl ins Feuer. Dann wird es schlimmer oder langwieriger, als es eigentlich wäre.

Vorwürfe binden die Energie: »Musstest du mich wieder so weit bringen?«, und genauso Selbstvorwürfe: »Mein Gott, wie konnte ich nur?« Diese Gedanken halten die Emotionen in Gang und geben ihnen Energie, und der Streit wird immer wieder neu entfacht und recycelt. Zu sehen, dass niemand da drinnen ist, der es hätte anders machen können, nimmt diese zusätzliche Vorwurfs-Ebene weg. Vielleicht verschwindet damit auch die ursprüngliche Ebene – dieses Nicht-Einverstanden-Sein –, vielleicht auch nicht. Zum Beispiel: »Ich bin nicht einverstanden damit, dass ihr die Wände bemalt! Ich will nicht, dass ihr Bücher aus dem Fenster werft!« Keine Ahnung, wie alt deine Kinder sind …

Ja, in dem Alter.

Nicht-Einverstanden-Sein taucht manchmal auf. Und dann kann es vielleicht auch sinnvoll sein, zu schreien, statt sachlich und behutsam zu argumentieren: »Du, ich finde es nicht so gut, dass du die Wände bemalst, weil das die Mutti ganz traurig macht …« [*Tut, als würde er malen*] – »Hä?«

Aber findest du denn irgendwo eine Täterin?

Es fällt mir schwer, das loszulassen. Also natürlich, wenn ich genau jetzt in diesem Moment gucke, dann nein. Aha, das stimmt!

Du findest jetzt keine Täterin. Was ist dann schwer loszulassen?

Vielleicht ist nur noch die Gewohnheit da, das anders zu sehen.

Was wohl immer bleiben wird, ist, dass du reagierst, wenn dein Name gerufen wird, und ich, wenn mein Name gerufen wird. Oder wenn jemand anders mit deiner Tasche weggehen will, dann würdest du wahrscheinlich nicht denken: »Na ja, mich gibt es ja eh nicht, und alles ist eins, es verschwindet eben im Nichts …« – sondern du würdest sagen: »Hey, *meine* Tasche!«

Das braucht das Spiel ja, um weiterzugehen! In welches Haus gehst du sonst zurück, zu welchen Kindern? Wir hätten auch welche …

Wenn deine Eltern dir aber einen anderen Namen gegeben hätten, dann wärst du immer noch du. Wenn du keine Kinder hättest, wärst du trotzdem du. Egal ob sich das Verhalten ändert oder das Gefühl von Verkrampfung zunimmt oder nachlässt: All das ändert nichts an dir.

acht

Widerstand, Leid und Zusammenziehen

Ich habe gestern einer Freundin eine E-Mail geschrieben, wie furchtbar doch alles ist – das Leben insgesamt, die Illusion und das alles. Und sie hat zurückgeschrieben: »DAS quält sich selber, um sich zu erkennen. Witzig, gell?« Ich fand das nicht so witzig, aber sie hat natürlich eine andere Perspektive, aus der man das witzig finden kann.

Was findest du denn so furchtbar am Leben?

Wünsche zu haben, Probleme zu haben, überhaupt die ganze Leidensgeschichte. Das Leben ist ja unter dem Strich – so empfinde ich es jedenfalls – mehr Leiden als Freude, mehr Negatives als Positives.

Diese Einteilung in Leid und Freude, in Negatives und Positives erscheint mir ein bisschen künstlich. Die Übergänge sind doch eher fließend. Wenn ich zum Beispiel Rückenschmerzen habe, und dann drückt jemand auf genau die richtige Stelle, und das tut weh – auf eine gute Art: »Au ja, genau da, ohhh …!« –, ist das Leid oder Freude? Es ist ein fließender Übergang.

Natürlich ist das fließend. Aber es ist, wie wenn du am Buffet warst, und am Ende wirst du gefragt: »War es gut oder schlecht?« Dann sagst du »gut« oder »schlecht« – natürlich war es teilweise lecker und teilweise nicht. Das ergibt einen Gesamteindruck.

Und diesen Gesamteindruck gibt es nur, wenn du deine Erinnerungen durchgehst und sie in einem bestimmten Licht siehst; dann sagst du: »Na, das war alles nicht so toll, wie ich es mir erhofft habe«, und dann denkst du an die Zukunft und sagst: »Da sieht's ja auch nicht viel besser aus!«

Ja, genau so geht das!

Aber jetzt gerade, was ist Leid und was ist Freude? Wo ist jetzt Leiden?

Jetzt ist es nicht da.

Okay. Also ist nicht alles furchtbar, sondern »alles furchtbar außer jetzt«. Das ist ja schon mal was.

Ja.

Ich stimme dir auch zu, aber ich würde sagen: Das Leid überwiegt. Im Lauf des Tages erlebe ich weniger freudige Empfindungen, bei denen mir das Herz aufgeht, und mehr leidvolle Emotionen – wie zum Beispiel Wut –, wo sich der Körper zusammenzieht und Anspannung da ist. Dass man das Leid durch Gedanken noch vergrößert, ist mir auch völlig klar, das kann ich auch sehen, aber trotzdem: Unterm Strich erlebe ich mehr Leid als Freude, oder vielleicht bin ich auch nur aufmerksamer fürs Leid, für dieses Zusammenziehen.

Ist das denn dasselbe: Zusammenziehen und Leid?

Ja, das ist dasselbe.

Es gibt doch auch sehr angenehme Kontraktionen! Aber sagen wir mal, da ist so ein Zusammenziehen in der Brust, ein Gefühl von Enge, das du »Leid« nennst. Aber wer leidet darunter? Da ist nur Zusammenziehen; wo ist das Leid?

Das ist der Widerstand, dass man das nicht fühlen möchte.

Genau. Das Zusammenziehen ist nur eine Anspannung, sowie das hier [*macht eine Faust*]. Ich würde nicht sagen, dass die Hand leidet oder dass ich unter der Hand leide. Das ist eine Anspannung, die sich von selbst wieder auflöst. Wenn wir eine Zeit lang reden, dann entspannt sich die Hand von selbst wieder.

Was einem wie Leid vorkommt, ist – wie du sagst – der Widerstand gegen die Wut. Dann bist du wütend darüber, dass du wütend bist, obwohl du es schon ganz anders kanntest und eigentlich schon viel »weiter« sein müsstest, und wenn du schon weißt, wie es geht, warum verdammt nochmal machst du es dann nicht so? »Warum verdammt nochmal bin ich nicht friedlich?!«

Letztendlich ist das Problem, dass man diesen Gedanken glaubt, dass es anders sein müsste.

Lass uns mal schauen, was das heißt: »*Man* glaubt diesen Gedanken«! Da ist ein Gedanke, der auftaucht, zum Beispiel: »Es müsste anders sein.« Dann gibt es eine Anspannung, weil die Energie sich darauf konzentriert, »es« zu ändern. Wenn wir sagen: »Das Problem ist, dass ›man‹ das glaubt oder ›ich‹ das glaube«, dann gibt es da scheinbar wieder eine Instanz, die etwas falsch macht – nämlich das zu glauben. Stattdessen schwirrt da einfach nur ein Gedanke herum und führt zu einer Anspannung oder einer Fokussierung.

»Glauben« heißt: Ein Gedanke wird für wahr gehalten. Wenn der Gedanke für wahr gehalten wird, dass ein Attentäter hinter mir steht, dann spannt sich der Körper an; wenn nicht, dann nicht. Es ist nur eine automatische Reaktion auf einen Gedanken – dieselbe Art von Reaktion, wie wenn ich dir etwas zuwerfen würde. Da bist es auch nicht »du«, der es fängt, sondern das Fangen passiert einfach, sogar bevor es überhaupt bewusst wird. So ist das – in meiner Beschreibung – auch mit Überzeugungen.

Aber ich sitze hier ja auch nicht als Autorität. Was spielt sich in eurem Erleben ab? Findet ihr etwas Festeres, eine Instanz, die man »Ich« nennen könnte? Denjenigen, der

Gedanken glaubt? Oder ist das einfach nur eine Reaktion, die auftaucht, ein Reflex?

Wer denkt?

Aber es muss doch jemand da sein, damit ein Gedanke überhaupt geglaubt werden kann oder bezweifelt werden kann! Da ist doch jemand, der denkt.

Oder da ist nur Denken, ohne Denker. In Gedanken kommt das Wort »Ich« vor oder eine Vorstellung von »mir«, aber diese Gedanken tauchen ganz frei auf, ohne Instanz, die sagt: »So, als Nächstes hole ich folgenden Gedanken auf die Bühne ...«

»So, als Nächstes werde ich bezweifeln, ob der Gedanke wahr ist!« – das ist schon der Zweifel, ohne jemanden, der ihn auf die Bühne bittet!

Dass Gedanken kommen, heißt nicht, dass eine Instanz dahinter steckt, die denkt. Wenn man zum Beispiel morgens aufwacht, läuft das Radio im Kopf schon; da wird schon gesprochen, bevor es überhaupt Aufmerksamkeit dafür gibt. Genauso beim Einschlafen: Da laufen Gedanken ins Leere, und es ist ganz klar, dass es da kein »Ich« gibt, das sie steuert. Und so ist das auch den ganzen Tag über. Deswegen gibt es in »Glück ohne Schmied« dieses Experiment, mal zwei Minuten lang nicht zu denken. Wenn man das probiert, dann kommt nach einer halben Minute der Gedanke: »Wie lang war das jetzt?«

Mir scheint es genau umgekehrt: Da ist nicht das »Ich«, das dann anfängt zu denken, sondern da ist das Denken und erweckt den Anschein, es wäre ein »Ich« beteiligt. Aber das Denken passiert genau wie das Atmen, ohne »Ich«.

Gedanken haben nichts mit »dir« zu tun, sondern sie laufen einfach so, wie wenn das Radio läuft. Du hörst: »Schaue hier, schaue da, kaufe dann bei C&A!« Du musst nicht darauf reagieren, du musst nicht zu C&A, du musst dich auch nicht fragen, was dieser Spot über dich aussagt oder warum du so etwas projizierst. Das Radio läuft halt.

In guten wie in schlechten Zeiten

Für mich ist es einfach, normale Gedanken zu durchschauen, aber viel schwieriger, wenn es an die Substanz geht. Da bin ich schnell wieder in der Schiene drin und falle auf sie rein.

Was ist die Substanz?

Wenn es um den Körper geht, wenn es um Krankheit geht, um Leben und Tod, um starke Schmerzen. Ich denke mir oft: »Du kannst das jetzt so einfach sagen, wo es normal läuft, aber was ist, wenn dann wirklich mal eine schlimme Phase kommt? Kannst du es dann wirklich noch anwenden?«

Was denn anwenden? Wenn du siehst, dass da kein »Ich« im Spiel ist, dann *ist* das so, »in guten wie in schlechten Zeiten«. Auch hinter Gedanken wie »Das will ich anders« steckt kein »Ich«, und die Gedanken müssen nicht aufhören.

Widerstand gegen Widerstand

Oft spüre ich, dass ich bin und dass das reicht und dass keine Anstrengung nötig ist. Aber das ist viel leichter zu spüren, wenn ich still sitze, als wenn ich meinen Alltagskram zu erledigen habe.

Alltagstätigkeiten laufen ja auch von selbst ab, oder wie erlebst du das?

Ja … Ja, aber nicht immer, zum Beispiel heute, wo ich spät dran war und versucht habe, gegen die Zeit zu fahren oder mich zu bemühen.

Das heißt ja eigentlich nur, dass im Erleben Hektik auftaucht: der Wunsch, es noch zu schaffen, der Ärger über die Ampel …

Für mich reduziert sich das fast auf körperliche Anspannung.

Da ist also Anspannung. Und wenn es nach dir gehen würde, dann wäre sie nicht da.

Ja, stimmt.

Aber das ist eben auch nur ein Gedanke, der vielleicht sogar noch mehr Anspannung bringt, und eventuell vergleichen wir uns auch mit einem Ideal und denken: »Wenn ich schon weiter wäre, dann gäbe es keine Anspannung. Stattdessen würde ich heiter gelassen schauen, wann ich denn ankomme.«

Genau: Dann würde ich gelassen bleiben und mich nicht selber in Stress versetzen.

Und so denken wir »uns« da wieder hinein, wenn wir sagen: »Ich versetze mich in Stress.« Angenommen, du erlebst ein Glücksgefühl oder »Einssein mit allem«, dann sagst du auch nicht: »Hey, jetzt habe ich mir ein gutes Glücksgefühl gemacht!«, sondern …

… das passiert einfach.

Das passiert einfach, genau. Wir denken, dass alles, was passiert, sich gut anfühlen muss – und da wird es schwierig. Ich glaube nicht, dass es einen Menschen gibt, bei dem das so ist; jedenfalls kenne ich keinen.

Meine Vorstellung war aber so: Es ist kein Widerstand mehr da und alles darf kommen, auch wenn es ein unangenehmes Gefühl ist, aber der Widerstand fällt weg.

»Alles darf kommen«, auch Widerstand. Der ist keine Ausnahme. Wenn wir uns mal unsere klaren Momente anschauen – Glücksmomente, Erleuchtungsmomente, wie auch immer du das nennen willst: Da ist es völlig klar, dass wir sie nicht gemacht haben.

Ja, völlig klar.

Anschließend kommt meinetwegen der Gedanke: »Wenn ich in diesem Zustand bleiben könnte, das wäre optimal.« Und daraus entwickelt sich ein Plan, in Zukunft immer locker zu lassen, alles auf mich zukommen zu lassen, drüberzustehen, es willkommen zu heißen oder was auch immer. Dann bemerken wir, dass die Gedanken wieder sehr ichbezogen sind oder dass ein Gefühl wie Angst oder Wut wieder auftaucht, und wir sagen: »Jetzt habe *ich* etwas falsch gemacht.« Eben war noch ganz klar: Das ist von selbst gekommen, aber wir sagen nicht: »... und es ist von selbst wieder gegangen«, sondern: »Jetzt habe *ich* etwas falsch gemacht. Jetzt bin *ich* nicht mehr offen.«

Ohne diese Vorstellung sehen wir: Da kommt ein Gedanke und der Widerstand gegen den Gedanken. Die sind eine Weile da, und dann lösen sie sich wieder auf; es gibt keinen Widerstand gegen den Widerstand. Wenn aber doch, dann ist das auch wieder nur etwas, das von selbst kommt und geht.

Körperliche Schmerzen

 *Was mich beschäftigt, ist, wie man mit körperlichem Schmerz umgeht. Ich habe zum Beispiel Rückenschmerzen, und auf diesem Stuhl hier wird das nicht besser. Nathan Gill schreibt: »Das Gewahrsein ist vom Inhalt des Gewahrseins unberührt«, aber wenn ich das selber beobachte ... ich weiß nicht. Es nervt trotzdem!*

 Ich will nicht interpretieren, wie Nathan irgendetwas meint, aber ich sage: »Unberührt« heißt nicht, dass es noch etwas außerhalb von dem Ganzen gibt, das sich raus hält und auf Distanz bleibt: »Mir doch egal!« Das Bewusstsein ist mittendrin statt nur dabei, Bewusstsein als Schmerz und vielleicht auch als Gedanke: »Das nervt!« Da ist keine Distanz zum Erleben.

Wenn du frisch verliebt bist und in einen Hundehaufen trittst, dann erscheint dir der Gestank deswegen nicht als Duft. Aber der Ärger oder der Ekel ändern nichts am Verliebtsein. Im Hintergrund bleibt das Verliebt-Bewusstsein, völlig unverändert.

Wie geht man mit Schmerz um? Man ruckelt ein bisschen auf dem Stuhl herum, streckt sich ... all das, was du tust! Das, was du tust, geschieht ja ohne »Ich«. Es ist nicht so, dass da noch das »Ich« ist, und wenn das mal wegfällt, dann wirst du wissen, was mit dem Rücken zu tun ist – sondern das, was jetzt ist, das ist es halt leider schon.

Es gibt niemanden, der mit dem Schmerz umgeht, niemanden, der mit dem Schmerz konfrontiert ist. Es ist nicht so, dass »ich« hier bin und dem Schmerz dort gegenüberstehe. Dadurch ist nicht weniger Schmerz da; er kommt vielleicht eher noch ungefilterter, weil keiner sich von ihm distanziert – es ist einfach Bewusstsein als Schmerz und Bewusstsein als Gedanken, was da helfen würde: Bewegung, Salbe; du kannst dir einen bequemeren Stuhl nehmen, und wir haben hier ja auch eine Liege und genug Turnsachen …

Was zur Verwirrung einlädt, ist die Vorstellung, dass du damit anders umgehen würdest, wenn du irgendwie weiter oder erleuchteter wärst. Dann würdest du spontan das Richtige tun, oder du würdest den Schmerz ganz heroisch wahrnehmen, aber gelassen bleiben.

… was alles auch nur Vorstellungen sind.

Genau: alles Vorstellungen, in denen man mit dem Schmerz konfrontiert ist und anders mit ihm umgehen könnte. Da ist aber keine Konfrontation, sondern nur Schmerz und der Gedanke: »Verdammt, tut das weh!«, und der Gedanke: »Jetzt könnte es aber auch mal wieder aufhören!«, und ein Impuls, sich zu bewegen.

In dieser Beschreibung geschieht alles ohne »Ich«, einschließlich des Gedankens: »Wenn das ›Ich‹ wegfällt, dann wird das anders.« Diese Vorstellung setzt voraus, dass es ein »Ich« gibt, das jetzt noch an der Macht ist – aber dieses »Ich« ist selbst nur eine Vorstellung.

neun

Ausdehnen und Zusammenziehen

Energie bewegt sich in zwei Richtungen: Sie dehnt sich aus und sie zieht sich zusammen. Wir spüren das Gefühl von Weite und spüren zusammenziehende Gefühle – zum Beispiel die Anspannung, die bei Wut oder Angst oder Schmerz auftritt. Und es gibt die Tendenz, dieses Zusammenziehen für das »Ich« zu halten. Diese Gefühle von Enge und Anspannung nennen wir »das Ich«, und wir wollen es loswerden, weil sich die Weite so viel entspannter, so viel besser anfühlt: leicht, locker, weit, mühelos ... Dabei wird leicht übersehen, dass das einfach nur die Bewegung des Lebens ist: Zusammenziehen/Ausweiten, Greifen/Loslassen – und wenn man das Zusammenziehen »Ich« nennt und es loswerden will, dann ist es schwer, loszulassen. Denn dann *greift* man nach Mitteln, um loszulassen. Wenn man es aber nicht »Ich« nennt, dann ist es nur eine Bewegung. Da ist ein dauerndes Zusammenziehen und Loslassen, so wie Einatmen/Ausatmen.

Es gibt aber doch auch die Identifikation mit schönen Gefühlen. Bei negativen Empfindungen sagt man vielleicht: »Da zieht sich gerade etwas zusammen«, aber wenn ein Glücksgefühl wie Verliebtheit da ist, dann sagt man: »Ich bin verliebt.« Das möchte keiner missen; man will nicht sagen, dass da Nichts ist, das so fühlt, sondern da identifiziert man sich gerne mit seinem »Ich«!

Gerade beim Verliebtsein fällt dieses »Ich« ja weg! Im Rausch des Moments erlebst du nur Einssein, keine Trennung. Da ist nur Verliebtheit, ganz ohne »Ich«. Erst wenn das »Ich« etwas verbessern oder festhalten will, meldet es sich wieder. Dann wird die Liebe in eine Geschichte eingebaut: »Oh, vorher war ich so einsam, aber jetzt ist alles anders, und wir haben eine rosige Zukunft.« Bis dahin heißt es nur: »Da bist du, wie schön!« Kein »Ich«, nur Liebe.

Hoffnung, Klarheit und die große Liebe

Einerseits ist das Ganze für mich schon eine große Erleichterung, aber ich schwanke da: Auf der anderen Seite ist eine ziemliche Verzweiflung, dass es eben keine Hoffnung mehr gibt.

Hoffnung worauf?

Ich weiß auch nicht worauf. Früher habe ich zum Beispiel gedacht: Irgendwann treffe ich eine Frau, die mich glücklich macht.

Ja, sagen wir mal, du triffst die Frau, und sie macht dich glücklich. Und als Nächstes macht sie dich unglücklich, und dann wieder glücklich. Das ist ja auch so, wenn du alleine bist: Mal bist du glücklich, und dann wieder traurig. Warum sollte das zu zweit anders sein?

Was du momentan fühlst, verliert an Bedeutung, wenn du siehst, dass einfach alles auftaucht: Glück und Unglück, das Gefühl von Weite und das Gefühl von Zusammenziehen – alles taucht in dir auf. Und du bist … ich kann nicht sagen: nicht davon berührt, denn es berührt dich ja, aber es ändert nichts an dir. Du bleibst unverändert. Alle Veränderungen tauchen auf, und du bleibst da. Es ist nicht so wichtig, wie du dich im Moment fühlst; es ist kein Muss, jetzt gerade etwas Bestimmtes zu fühlen. Das sind ja nur Gefühle, und im nächsten Moment ist es sowieso wieder anders.

Aber es gibt ja auch keine Garantie, dass die Klarheit, die jetzt manchmal da ist, auch bleibt; die kann ja auch wieder weggehen. Das ist natürlich wieder nur eine Geschichte, aber angenommen, die Klarheit verschwindet wieder und ich bin in irgendeiner schlimmen Rolle voll identifiziert – das kann ja immer so weitergehen!

Diese Klarheit … Da ist Erleben. Das ist jetzt gerade klar, oder?

Ja.

Wo soll das hingehen? Wie kann das weggehen?

Natürlich kannst du dir vorstellen, dass ein Zustand von Verwirrung auftaucht. Aber auch dann bleibt immer die Klarheit: Da ist Erleben.

Ja, klar.

Und dann kommt vielleicht der Gedanke: »Das kann doch nicht alles sein. Das müsste sich doch irgendwie besser anfühlen.« Das ist ein Gedanke, der der Wirklichkeit widerspricht. Und wenn der geglaubt wird, dann erweckt das den Anschein einer Person, die weiter oder klarer sein müsste; das spielt sich wieder in diesen kleinen Gedankenbildern ab. Aber immer noch bleibt die Klarheit – darüber, dass es gerade eine Menge Verwirrung gibt. Das ist, was erlebt wird. Und all die Verwirrung taucht in der Klarheit auf. Es ist klar, dass eine Geschichte abläuft; es ist klar, dass da viele Gedanken sind. Die Klarheit selbst ist davon nicht betroffen – das ist nur der Inhalt.

Ja, das fühlt sich aber trotzdem scheiße an. Da ist eine gewisse Erwartung … Also auf der einen Seite wird das Ganze schon einfacher, aber andererseits wird es überhaupt nicht einfacher.

Es ist einfach anders, als man es sich vorstellt. Und wenn die Vorstellungen wichtiger erscheinen als die Wirklichkeit, dann gibt es ein Problem. Das wäre meine Definition von »Problem«: Vorstellungen erscheinen wichtiger als die Wirklichkeit. Wenn klar ist, was gerade passiert – »Da ist eine Vorstellung, die nicht verwirklicht ist. Klar fühlt sich das scheiße an!« –, dann ist da Klarheit.

Der Gedanke, dass für den kleinen A. oder den kleinen Dittmar alles nur noch schön ist und man butterweich durchs Leben driftet, und alle, die einem begegnen, total beeindruckt sind von der Liebe, die man ausstrahlt … – das ist einfach nur eine Vorstellung. Und wenn diese Vorstellung, dass alles nur noch friedlich sein sollte, wichtig erscheint, dann wird's halt blöd. Wenn sie aber nur als eine dieser zehntausend Vorstellungen gesehen wird, dann gibt es kein Problem. Unfrieden kann ruhig in diesem friedlichen Raum auftauchen. Das ist die große Liebe.

Natürliche Anspannung

Ich bin immer am Suchen, was getan werden kann, um das Erkennen aufrecht zu erhalten und in dieser Entspannung zu bleiben.

Schwierig wird es, wenn wir sagen: »Entspannung ist ›Es‹ und Anspannung ist ›Nicht-Es‹, ist Nicht-Erkennen.«

Anspannung ist ja auch etwas Fließendes. Es ist nicht so, dass da in einem Moment völlige Anspannung wäre und dann völlige Entspannung. Wenn all unsere Muskeln entspannt wären, dann würden wir vom Stuhl fallen, unser Unterkiefer würde herabhängen, die Atmung würde aussetzen ... Ein bisschen Anspannung gehört einfach zum Leben. Ab wo wird das zum Problem?

Wenn ich mit den Gedanken in der Vergangenheit oder der Zukunft bin: »Das musst du noch machen; das hast du nicht richtig gemacht!«, und dann wird mir bewusst, dass ich das Jetzt gar nicht mehr genieße. Dann ist die Anspannung das Problem oder das, was nicht gewollt wird.

Da kommen also Gedanken und bringen Anspannung mit sich, und irgendwann wechselt die Aufmerksamkeit von den Gedanken zur Anspannung. Dann wird bewusst, wie unnütz diese Gedanken sind, wie unnütz die Anspannung ist, und man lässt sie los – vielleicht; oder die Gedanken werden noch ein bisschen weiter verfolgt und die Anspannung bleibt noch ein bisschen, je nachdem, wie wichtig die Gedanken im Moment erscheinen.

Die Wahrnehmung der Anspannung erleichtert es, sie wieder loszulassen. Aber ob sie sich auflöst oder bleibt – es ist einfach nur Anspannung. Es ist nicht »meine« Anspannung, nicht »Ich habe mich angespannt«, so wie ich auch »meine« Gedanken nicht ausgewählt habe, sondern die Gedanken tauchen von selbst auf und bringen Spannung mit sich.

Da ist das Bewusstsein von Anspannung, Bewusstsein als Anspannung. Und wenn sie eine bestimmte Schwelle überschreitet, dann wird sie vielleicht losgelassen, oder sie wird in eine Geschichte eingebaut: »Jetzt bin ich schon wieder so angespannt, das liegt nur an …«, und dann gehen die Gedanken eben weiter.

Aber die Gedanken sind völlig unpersönlich, und die Gefühle auch. Es ist das Leben, das denkt und fühlt.

Ja, das ist halt der Punkt, diese Ichlosigkeit von allen Phänomenen zu erkennen, die ablaufen – egal ob friedlich oder gestresst oder was auch immer.

Wir reden darüber – oder manche von uns reden darüber – aus der Position der Identifizierung. Das ist natürlich auch okay, aber über eine Verbesserung der Umstände braucht man eigentlich gar nicht reden; manchmal ist es friedlich und manchmal eben nicht, es schwankt hin und her, aber all das ist unpersönlich im gesamten kosmischen Ablauf.

Tiere haben zum Beispiel kein Problem mit einer Identifikation oder mit Gedanken an Vergangenheit und Zukunft – vermute ich jedenfalls. Aber im Tierreich geht es ja oft nicht gerade friedlich zu; da gibt es eine Menge Anspannung! Ein Vogel pickt in der Erde, und alle paar Sekunden schaut er sich um: »Was ist da? Was hat sich da bewegt?« Diese ständige Alarmbereitschaft – wie viel Anspannung da ist! Oder er sitzt auf einem Ast und singt, und ein anderer Vogel kommt ihm zu nahe – was sofort Kampfbereitschaft auslöst.

Da ist kein »Ich« im Spiel, aber trotzdem gibt es eine Menge Anspannung. Daher scheint mir ein Leben ohne Anspannung eine Illusion zu sein – mal ganz abgesehen von der körperlichen Grundspannung, ohne die wir atemlos am Boden liegen würden, aber auch die emotionale Anspannung gehört dazu. So ist das Leben! Schon bevor es einen »Ich«-Gedanken gab, gab es Anspannung (wenn man es historisch erzählen will).

Nur wenn Entspannung als Maßstab für »meinen Fortschritt« dient, erscheint Anspannung als etwas Problematisches. Und witzigerweise fällt gleich eine ganze Menge Anspannung weg, wenn sie erlaubt ist und sein darf und nicht als etwas gesehen wird, das »ich« falsch mache. Das nur so nebenbei.

Es ist, wie es ist

Ich finde das oft schlecht, was meine Kollegen machen, aber das kann man ja eigentlich auch nicht so sagen; es ist einfach, wie es ist.

»Es ist, wie es ist« – dieser Ausdruck bedeutet fast immer »schlecht«. Man sagt nicht: »Mir geht es super, tja, es ist, wie es ist.«

Diese Kritik an Kollegen, dieser Gedanke, dass sie etwas schlecht machen, ist ja auch etwas, das auftaucht, genauso wie der Tee hier.

Stimmt. Das Erschreckende für mich ist: Ich habe immer nach einem Sinn gesucht, aber es gibt gar keinen Sinn, oder? Das alles hat keine Bedeutung.

Fehlt denn ein Sinn? Da sind doch fünf! Wozu braucht es einen Sinn, eine Bedeutung?

Ja, es fehlt wohl auch kein Sinn. Aber es könnte schon alles menschlicher sein, es könnte besser sein. Das ist halt ein Gedanke, der auftaucht und das Erleben bewertet.

Ja, und an dem Gedanken ist ja auch nichts verkehrt. Es geschieht etwas, das du nicht gut findest, und das macht unzufrieden. Vielleicht führt die Unzufriedenheit zu einer Umorientierung oder einem anderen Verhalten. So viele Veränderungen beginnen mit Unzufriedenheit! Schau dir das Weltgeschehen an. Der Mauerfall kam durch Unzufriedenheit, nicht dadurch, dass die Leute gesagt haben: »Es ist, wie es ist.« Natürlich ist es, wie es ist – und das umfasst auch die Unzufriedenheit, wenn sie da ist.

Ein einziger Zustand

Widerstand ist etwas, das man tut, oder? Wenn man nur beobachtet und ohne Wertung akzeptiert, dann entsteht kein Konflikt.

Nur tauchen halt Wertungen auf – zum Beispiel der Gedanke »Akzeptieren ist besser als Werten.«

Ohne Wertung können Gedanken einfach auftauchen und werden als Gedanken erkannt, ohne dass sie wehtun.

Ja, was wehtun kann, ist der Unterschied zwischen den Gedanken, »wie es sein könnte«, und dem, wie es tatsächlich ist – wenn die Gedanken wichtiger erscheinen als die Wirklichkeit.

Ja, genau. Mir fällt dazu ein Beispiel ein: Wenn ich mich mit einem bestimmten Buch beschäftige, das ständig auf Fehler hinweist – darauf, was ich falsch machen kann oder wie ich es richtig machen müsste –, dann komme ich auch in die Mangel-Gefühle. Wenn ich aber ein anderes Buch lese, zum Beispiel von Tony Parsons oder von dir, dann sehe ich: Es ist einfach so, wie es ist. Dann nehme ich es leicht und komme schneller auf diese friedliche Ebene.

Und jetzt kommt wieder meine Beschreibung: Du kannst nichts falsch machen.

Ja, das hilft: Du kannst nichts falsch machen.

Aber du kannst auch nichts richtig machen. Du bist nicht diejenige, die etwas macht. Alles Machen taucht im Erleben auf.

Es ist wie Einatmen und Ausatmen, genauso kommen auch die Gedanken von selbst – gute und schlechte.

Ja: Einatmen und Ausatmen geschieht, aber »du« machst es nicht. So geschieht auch das Spielen mit dem Stuhl gerade von selbst. Wenn man die Leute darauf aufmerksam macht, dann kommt plötzlich ein »Ich« hinzu, das meint, es wäre für das Spielen mit dem Stuhl verantwortlich. »Warum mache ich das?« Tja, »du« machst es ja nicht! Das ist sehr leicht und direkt zu sehen. Und bei den Gedanken ist es genauso leicht zu sehen. Höre einfach eine Minute lang auf zu denken! Denke an nichts.

»Ich ruhe in Gott.«

Und da ist schon der erste Gedanke! Gedanken tauchen halt einfach auf, und in ihnen kommt oft ein »Ich« vor, als Wort oder als Bild. Zum Beispiel: »Ich ruhe in Gott. Das ist schön. Hier will ich bleiben. Hoffentlich gelingt das auch morgen, wenn ich Günther treffe. Günther, die blöde Sau!«

Ja, so läuft das immer ab.

Es gibt da diese Vorliebe fürs Planen: »Das ist gut, damit kann ich etwas anfangen. Ab jetzt werde ich immer …« Und dadurch sieht es aus, als ob »ich« Klarheit oder Frieden immer wieder mal erlange und dann wieder nicht.

Ich weiß nicht, wie ihr das erlebt; für mich gab es immer wieder diese Zustände, in denen einfach alles total klar ist – so unzweifelhaft klar! Und dann kam zum Beispiel die Hoffnung, dass es morgen früh auch noch so sein wird. Und am nächsten Morgen beim Aufwachen die Frage: »Ist es denn noch da? Es soll nicht weggehen!« Und wenn der Zustand sich wieder verflüchtigte, dann fühlte sich das wie ein Absturz an: »Was habe ›ich‹ denn jetzt falsch gemacht?« Und dann erschien es wieder so, als gäbe es diesen kleinen Dittmar, der »es besser machen könnte« – wo es vorher so klar war, dass es den einfach nicht gibt und nie gegeben hat! Der Zustand war ja gerade die Erkenntnis, dass es ihn nicht gibt! Aber anschließend ging es wieder darum: »Wie ging das nochmal, was muss ich tun? Ja genau, ich müsste viel offener sein! Und ich müsste die Gedanken loslassen! Wenn ein Gedanke auftaucht, dann werde ich … Bla bla bla …«

Dabei war dieser paradiesische Zustand nichts als die Erkenntnis: Alles passiert ganz von selbst, und das ist immer so! Es kommt kein Zustand, wo »du« plötzlich nichts mehr machst, sondern die Illusion verschwindet, dass jemand etwas macht. Die Illusion ist es, die kommt und geht – nicht die Tatsache, dass »du« nichts machst, weil dieser Macher nie existiert hat.

Da ist Bewusstsein, in dem alles auftaucht. Das Bewusstsein ist völlig frei, und alles darf frei auftauchen, was auch immer kommen mag.

Und wenn der Gedanke kommt: »Diesen Gedanken will ich nicht«, dann taucht der frei auf. Das hat nichts mit dir zu tun. Du bist das Bewusstsein, in dem der Gedanke auftaucht. Dann kommt vielleicht der Gedanke: »Aha, jetzt habe ich's erkannt, hoffentlich bleibe ich dabei.« Und auch dieser Gedanke taucht genauso selbstverständlich und frei auf wie alles andere. Jede Art von Gefühlen kommt und geht, und wir können sagen: »Jetzt bin ich in einem Zustand, jetzt bin ich in einem anderen Zustand, jetzt bin ich wieder in diesem Zustand« – oder wir können es beschreiben als einen einzigen Zustand, der sich ständig verändert. Die Wahrnehmung ändert sich dauernd. Es ist wie ein Bild, das seine Farben und Formen ständig ändert, oder wie Musik, die in jedem Moment anders klingt, aber immer dieselbe Musik ist.

zehn

Drei Tage Ichlosigkeit

Im November letzten Jahres hatte ich für drei Tage das Erleben von Ichlosigkeit. Ich bin wirklich ein alter Hase in der Satsang-Szene, aber da ist es zum ersten Mal wirklich geschehen: drei Tage lang absolute Ichlosigkeit! Da ist mir zum ersten Mal klar geworden, wie das ist, wenn der »Ich«-Gedanke ganz einfach mal weg ist – und auch wie es ist, wenn er dann versucht, wieder zu kommen. Das heißt, eine Handlung findet statt, und eine zehntel Sekunde später kommt dann der Gedanke: »Ich bewege die Hand jetzt.« Wie lächerlich das ist!

Aber dann wurde die Identifizierung mit dem Denken wieder immer stärker, die so vertraut war. Und ich muss sagen, es wurde auch ein bisschen langweilig. Wo bleibt die Spannung, wo bleibt der Konflikt, der ab und zu ja auch ganz interessant ist? Und wenn man leidet, das ist ja irgendwie auch etwas Schönes!

So kam der »Ich«-Gedanke wieder zurück, und ich dachte: »Ich werde nichts dagegen machen; ich kann ja auch gar nichts machen.« Ich hatte ja auch nichts für diese Ichlosigkeit getan – es ist ganz einfach passiert.

Aber das war das erste Mal; es war unglaublich. Zum ersten Mal wurde das, was man so oft gelesen oder im Satsang gehört hatte, für ein paar Tage zur Realität. Wenn das bleibt, dann ist das Freiheit. Mehr muss da gar nicht sein. Man ist zwar genau der Gleiche und verhält sich gleich …

Man wird nicht heiliger oder so, es ändert sich überhaupt nichts. Das heißt, in diesem Augenblick findet das genauso statt, aber bei mir ist jetzt wieder das ständige Denken: »Ich mache das, ich sitze hier als Person.«

Aber du weißt wohl auch nichts, was man da machen kann, oder?

Du sagst, da hast du gesehen, dass alles von selbst abläuft. Und zwischendurch kam mit Sicherheit mal ein Gedanke, in dem das Wort »Ich« vorkam – nur hat er keine Rolle gespielt, sondern war eher eine Begleiterscheinung, oder?

Ja, richtig. Ich musste jedes Mal darüber lachen. »Das kann doch nicht wahr sein, dass ich so viele Jahre darauf reingefallen bin!« Es war unglaublich, dass ich so lange dieser offensichtlichen Illusion nachgegangen bin – und jetzt wieder so handle! Natürlich, das Verstehen hat sich vertieft; es hat sich schon etwas geändert durch diese Zeit, aber … Mehr kann ich nicht sagen.

Woher weißt du, dass es nicht nur eine Illusion war, dass das »Ich« mal verschwunden ist – zum Beispiel, weil sich der »Ich«-Gedanke versteckt hat oder so?

Das, was da erschienen ist, war viel mehr »ich« als der, der jetzt darüber spricht. Und dieses Gefühl, dass das viel mehr »ich« bin als der, der jetzt spricht, hat mir das bestätigt. Das ist ganz einfach mehr »ich«.

Du sagst, es war mehr »ich« als der, der jetzt mit mir spricht – aber die Erkenntnis war doch, dass der »Ich«-Gedanke überhaupt nicht sprechen kann! Gerade eben hast du es noch so beschrieben, dass der »Ich«-Gedanke in Wirklichkeit gar nichts kann, sondern nur so ein Zusatz ist. Also wer spricht jetzt mit mir?

[*Stille …*]

Ich weiß nicht, wer jetzt spricht. Ich weiß es nicht!

Willkommen im Klub! Da kommen halt Worte, und der »Ich«-Gedanke behauptet: »Ich spreche hier, und das ist schlecht, denn ohne mich wäre es besser.« Aber das ist ja nur so ein Zusatz!

Ja. Ich habe wirklich keine Ahnung, wer da spricht.

Ja, du hörst die Worte kommen. Und vielleicht hast du den Eindruck, dass sie eine Zehntelsekunde davor auch gedacht wurden.

Noch nicht mal, dass sie gedacht wurden! Jetzt spüre ich das Nichts. Jetzt spüre ich: Die Worte kommen. Ganz klar! Es ist noch nicht einmal bewusstes Denken dabei, sondern sie fließen ganz einfach.

Ja. Dieser »Ich«-Gedanke scheint ja nur deshalb so mächtig, weil er den Eindruck vermittelt, dass er wichtig ist, oder dass es wichtig ist, dass er verschwindet, weil er das Sein irgendwie behindern kann. Und in dieser Klarheit siehst du, dass er eigentlich überhaupt keine Rolle spielt und sich immer nur wichtig gemacht hat.

Der »Ich«-Gedanke ist wie ein Verrückter, der in den Himmel winkt, um die Flugzeuge zu steuern, und dem das mordswichtig vorkommt. Es läuft aufs Gleiche raus, ob er sagt: »Wenn ich nicht wäre, dann gäbe es Chaos« oder: »Wenn ich nicht wäre, das wäre Freiheit.« Es ist nur ein Gedanke. Und die Frage, wie man ihn los wird, ist nochmal derselbe Gedanke in anderer Form.

Ja. Gangaji sagt auch: »Wer stört sich am Ego?«

Nur das Ego selbst.

Befriedigt mich die Entspannung?

In den letzten Monaten merke ich häufiger, dass da irgendwie eine Entspannung reingekommen ist; ich weiß nur noch nicht, ob diese Entspannung mich wirklich befriedigt.

Ihr beide seid wohl eher die Action-Typen, oder? »He, es ist verdammt friedlich hier, lass uns mal die Stadt aufmischen!«

… ob die Entspannung dich befriedigt?

Ja, also Entspannung ist schon schön – das suche ich ja auch immer. Aber die Entspannung resultiert nicht aus einer Erkenntnis, sondern das ganze Thema »Erwachen« ist irgendwie entspannter. Ich merke immer wieder so ein kleines »Ah, ja genau, das passiert jetzt von alleine. Das passiert, und da ist keiner, der es macht.« Und dann denke ich mir: »Ja, und jetzt? Das ist es aber noch nicht!«

Erst denke ich: »Ah, jetzt hab ich's! Jetzt ist es klar!«, aber Tony Parsons spricht ja immer von diesem Shift, und dann meine ich, dass dieser Shift noch nicht passiert ist. Meistens bin ich identifiziert, und manchmal sehe ich: »Ah, okay, schön, das passiert von selbst, einfach so.«

Ja. Bei einer Sache kann man ganz sicher sagen, dass sie einfach so passiert, und das ist Identifikation. Das würde man sich nicht aussuchen – außer natürlich, wenn man ein

Action-Typ ist. Alles passiert von selbst, und so auch die Identifikation. Der Gedanke »Ich mache das, ich entscheide das« kommt ganz von selbst, und mit ihm die entsprechenden Gefühle.

Was auch immer dieses gedachte »Ich« für sich beansprucht, macht es nicht, sondern das geschieht von selbst. Das »Ich« maßt sich an, zu beurteilen: »Das ist es noch nicht; da müsste noch mehr Erkenntnis sein; der Shift fehlt noch« und so weiter. Aber nur aus Sicht des »Ichs« fehlt überhaupt etwas oder müsste etwas anders sein! Das »Ich« hat den Anspruch zu bestimmen, wie es sein müsste. Und in unseren Kreisen sagt es: »Das ›Ich‹ müsste verschwinden. Ich kann nur glücklich sein, wenn ich verschwunden bin. Dann bin ich erleuchtet. Aber ich kann nichts daran machen; ich kann nur loslassen …« Diese Gedanken drehen sich in sehr engen Kreisen.

Aber wenn wir mal jetzt gerade schauen: Was geschieht jetzt nicht von selbst?

[*Stille …*]

Das Nachdenken, was denn nicht von selbst geschieht, das Achten darauf, das geschieht nicht von selbst. Das ist meine Reaktion auf deine Frage: Jetzt forsche ich nach, was nicht von selbst passiert.

Ich würde es so beschreiben: Die Frage tauchte bei mir auf, angeregt durch etwas, das gesagt wurde, das auch wieder durch etwas anderes angeregt wurde. Wir könnten es eine Resonanz in dieser Runde nennen – jedenfalls entstand diese Frage sozusagen durch einen Impuls »von außen«.

Jetzt gerade bekommen wir Signale von der Sitzfläche unseres Stuhls, auf die wir reagieren, sodass wir nicht vom Stuhl fallen. Auch das ist ein Impuls »von außen«, und die Reaktion kommt ohne jedes Zutun und meistens sogar ohne jede Aufmerksamkeit. Wenn wir das Wort »Hase« hören, dann entsteht ganz automatisch ein Bild, das einen Hasen darstellt, ohne jemanden, der beschließt, sich dieses Bild vorzustellen. Wenn wir eine Frage hören, zum Beispiel »Was für ein Tag ist heute?«, dann löst das automatisch eine Suche nach der Antwort aus, und das Wort »Montag« kommt von selbst. Und wenn die Frage lautet: »Was geschieht jetzt nicht von selbst?«, dann löst sie natürlich genauso einen Suchprozess aus.

Es fühlt sich vielleicht so an, als würde »ich« etwas suchen – aber was ist es, das da sucht?

[*Stille …*]

Oft sucht man einfach nach einem glücklicheren Zustand, der den Erwartungen entspricht, die man sich gesetzt hat, zum Beispiel in der Meditation. Und wenn man das erreicht hat, dann sagt man: »Das bin jetzt mehr ›ich‹. Das ist etwas, das höher ist als das Denken« und so weiter. Aber wie du eben sagtest: Wem passiert das, wer ist das? Ich fand es wichtig zu erkennen, dass man das wirklich nicht weiß. Man kann sich noch so schlau anstellen, noch so tief in sich rein gehen und sagen: »Das ist die letzte Ebene der

Wahrnehmung; das ist reines Gewahrsein« – und trotzdem ist da niemand. Da ist einfach nur …

[*Stille …*]

Nur Wahrnehmung. Nur Sinneseindrücke, sonst nichts.

Ja.

Und diese Wahrnehmungen ändern sich dauernd; sie wechseln ständig zwischen Wärme und Kälte und Zahnweh und Langeweile und Ekstase und Unzufriedenheit und Glück und Optimismus und Angst …

Die sogenannten »negativen« Emotionen werden oft als ein Zeichen dafür angesehen, dass da noch ein »Ich« ist. Aber wenn es nach dem »Ich« ginge, dann würden solche Empfindungen wie Angst nie auftauchen. Das »Ich« würde sich genau dafür entscheiden, was du beschrieben hast: Es würde in heiterer Gelassenheit über allem stehen – ein durch und durch spirituelles »Ich«.

So wäre es, wenn es nach dem »Ich« ginge. Niemand würde sich für ein gemeines »Ich« entscheiden. Außer vielleicht ein Action-Typ, der die Stadt aufmischen will.

Gedanken fühlen sich nicht so gut an

Wenn ich mit der Aufmerksamkeit hier bin, dann kommt ein angenehmeres Gefühl, als wenn ich in Gedanken bin. Klar bin ich auch noch im Jetzt, wenn die Gedanken in der Zukunft spielen, aber es fühlt sich völlig anders an. Es fühlt sich nicht nur angenehmer an, sondern auch weiter, wahrer und echter, wenn die Aufmerksamkeit in der unmittelbaren Nähe bleibt.

Ja, das geht mir auch so. Es kommt natürlich auch darauf an, wovon die Gedanken handeln. Wenn man Pläne für die Weltherrschaft entwickelt, dann fühlt sich das angenehmer an als die Sorgen darüber, wie man seine Schulden bezahlen soll.

Ein praktischer Unterschied ist, ob du sagst: »Ich bin in Gedanken« oder: »Da sind viele Gedanken in mir.« In den Gedanken ist ja nur so ein kleines Double von dir, mit dem es vielleicht eine Identifikation gibt. Dieses Double wird in den Gedanken das und das machen, oder es hätte das ganz anders machen sollen. Das ist nur ein Bild, eine Vorstellung vom gedachten »Du«, mit dem die Identifikation geschieht. Aber das bist nicht du, denn du kannst in den Vorstellungen heiliggesprochen werden oder Rockstar werden … In Gedanken ist alles möglich.

Heiliggesprochen werden wäre schon gut, und vielleicht auch noch ein bisschen Rockstar sein …

Tja, mir wäre Rockstar lieber, aber wahrscheinlich passiert keins von beiden. Sicher ist nur eins: Da ist das Bewusstsein, in dem Bilder auftauchen. Im Gegensatz zu dir sind die Bildinhalte austauschbar. Das Bewusstsein, in dem sie erscheinen, bleibt unverändert, auch wenn die Bilder ständig wechseln.

Die bewusste Aufmerksamkeit richtet sich manchmal darauf, was unmittelbar erlebt wird: »Der Tee duftet, die Tasse ist warm und glatt.« Das fühlt sich sehr weit und viel entspannter an als Gedanken, weil »man« damit nichts machen muss – es ist einfach schon da. Bei Gedanken scheint es oft so, als müsste weiter darüber nachgedacht werden. Aber ob Tee oder Gedanken, beides sind Spiele im Bewusstsein.

Okay, stimmt. Deswegen erscheinen die Gedanken so stressig: etwas machen, etwas ordnen, umdenken …

Ja, und sie erwecken den Anschein, als gäbe es jemanden, der das alles tun muss, und als wäre dieser Jemand die Person, die in den Bildern gesehen wird. Und wenn das bewusst wird, dann kommt vielleicht der Gedanke: »Ich muss aufhören zu denken!« – und das ist schon wieder etwas, das »ich« angeblich machen muss.

Niemand kann Gedanken an- und abschalten, weil da einfach niemand ist, sondern nur das Bewusstsein, in dem sie auftauchen – das Bewusstsein, das sich als Gedanken manifestiert. Die Aufmerksamkeit verlagert sich vielleicht von den Gedanken weg, zum Beispiel auf die vielen Farben hier im Raum, aber niemand verlagert sie. Kein Denker beschließt, mit dem Denken aufzuhören.

Aber ich stimme dir zu: Es fühlt sich oft schöner und lebendiger an, wenn keine Gedanken da sind oder nur wenige Gedanken da sind.

Auf Gedanken folgen ja normalerweise emotionale Reaktionen: Freude, Angst, Erwartungen … Und bei mir ist das belastender als die Gedanken an sich. Wenn man nicht nach ihnen greift, wenn man sie nicht festhält, dann könnte jeder Gedanke einfach so durchlaufen, egal welcher. Aber meistens gibt es eine (wenn vielleicht auch subtile) Reaktion im ganzen Körper auf die Gedanken, und diese Reaktionen finde ich eigentlich störender als die Gedanken selbst. Gedanken haben so etwas Abstraktes, Kühles, aber die Emotionen fühlen sich viel mehr an wie man selbst.

Ja, Identifikation ist eine emotionale Sache. Es wäre das Ideal, das zum Beispiel in der Meditation oft angestrebt wird, dass Gedanken nur so vorbeiziehen und man sie ganz unbeteiligt beobachtet, ohne verwickelt zu sein oder nach ihnen zu greifen. Aber dieses Greifen oder die Verwicklung ist ja nichts anderes als die Gefühlsreaktion. »Huch!« oder »Arrgh!« – mehr ist es ja nicht. Und diese Gefühlsreaktion passiert halt einfach, genauso wie die Gedanken. Zum Beispiel beim Stichwort »Neue Regierung« …

Oh Gott!

Genau, der Gedanke an die neue Regierung kann verschiedene Emotionen auslösen: »Oh Gott!« oder: »Hurra!« oder: »Mir doch egal!« Die Reaktion kommt einfach, da kann man nichts machen, weil es da niemanden gibt, sondern nur Bewusstsein als Gedanken und Gefühle. Vielleicht kommt nach der emotionalen Reaktion noch ein Gedanke, dass an den Gefühlen gearbeitet werden sollte, und infolgedessen ein neues Gefühl von Optimismus oder Resignation, aber es gibt nirgends eine Instanz, die die Gedanken oder Gefühle steuert.

Im Sein ruhen

Ist denn bei dir ein Erkennen da, dass es kein »Ich« gibt, auch wenn du nicht im Sein ruhst?

Was ruht im Sein und was nicht?

Es ruht ja immer alles im Sein. Und dann gibt es das Bewusstsein, dass es so ist – dass alles im Sein ruht. Richtig?

Ja, wenn wir sagen: »Auch Wut oder Zahnweh ruht im Sein.« Das hier zum Beispiel [*fuchtelt wild in der Luft herum*] – ruht das im Sein? Es war ja ziemlich schnell …

Das war ein bisschen schnell dafür, dass es im Sein ruhen soll – aber eigentlich ruht auch das im Sein.

Kannst du es bitte nochmal langsam vormachen?

Gut, hier in Zeitlupe die Tai-Chi-Version! [*Macht langsame, weite Gesten*]

Ja, das *ruht jetzt so richtig im Sein! Aber was ich fragen wollte, ist, ob da immer wieder so eine Unbewusstheit geschieht. Oder ist dir das klar in Situationen, wo du mehr im Jetzt bist, aber nicht so klar, wenn du zum Beispiel etwas in der Zukunft planst?*

Die Aufmerksamkeit ist nicht ständig auf den Hintergrund gerichtet; sie achtet nicht die ganze Zeit aufs unmanifestierte Bewusstsein, sondern meistens ist sie bei dem, was im Bewusstsein erscheint.

Wenn ich zum Beispiel etwas schreibe oder ein Fußballspiel anschaue, dann ist es nicht die ganze Zeit so: »Aha, Bewusstsein, das sich ein Spiel anschaut!«, sondern nur »Spiel anschauen«. Da ist auch kein »Ich« dabei, das meint: »Ich schaue das Spiel an«, sondern nur: »Spiel doch ab!« oder: »Ja, schön!«

Es ist ja nicht der Sinn von Aufmerksamkeit, sich ständig dem Hintergrund zuzuwenden; Aufmerksamkeit richtet sich auf das, was sich ändert. Das ist ihre Funktion.

Aufmerksamkeit hat die Tendenz, sich auf »etwas« zu richten. Zur Erholung zieht sie sich immer wieder ins Nichts zurück. Aber es ist völlig natürlich, dass »etwas« die Aufmerksamkeit auf sich zieht. »Oh, jetzt habe ich das Nichts vergessen!« Egal, es ist ja trotzdem da, es fordert nichts und braucht keine Aufmerksamkeit. Und die Aufmerksamkeit für etwas ist auch Nichts. Es ist immer Nichts und immer Alles.

Angenommen, du sitzt auf einer Lichtung im Wald und meditierst. Wenn ein Reh vorbei läuft, dann zieht es die Aufmerksamkeit auf sich – weil es das ist, was sich ändert. (Natürlich ist es auch so, wenn ein Axtmörder kommt; das muss jetzt nichts Romantisches sein.)

Bei mir sagt die Aufmerksamkeit nicht ständig: »Bewusstsein, das sich dessen bewusst ist …«, sondern da ist einfach nur Schreiben oder nur Fußball. Das ist es ja gerade: Es gibt eben niemanden, der das tut oder der das anschaut oder sich dessen bewusst ist. Sonst hättest du zum Beispiel das Schreiben und dann noch den Dittmar, der schreibt, und dann noch jemanden, der sich dessen bewusst ist … eine endlose Abfolge von Ebenen.

Es ist also keine gespaltene Aufmerksamkeit, die immer auch den Hintergrund mitbeobachtet, sondern sie ist einfach nur bei dem, was gerade erscheint. Und was erscheint, ist manifestiertes Bewusstsein: Bewusstsein als Tastatur, als die Worte auf dem Monitor. All das ist Bewusstsein, nicht nur die Leere, in der es auftaucht.

Die Aufmerksamkeit kann sich natürlich auch dieser Leere zuwenden; wir können zum Beispiel jetzt nur mal auf diesen Raum achten. Dann ist da Bewusstsein von diesem Raum. Aber wenn jetzt ein Reh hier durchläuft, oder ein Axtmörder, dann ist der Raum schnell vergessen. Die Aufmerksamkeit muss nicht auf irgendetwas festgenagelt sein, auch nicht auf den Hintergrund, sondern sie geht, wohin sie halt geht – ganz von selbst, unvermeidlich.

Und wozu dieses Ideal vom »Zeugen«, der im Hintergrund als stiller Beobachter schwebt? Da ist einfach nur die Tasse, da ist der Geschmack. Und der Geschmack ist Bewusstsein. Bewusstsein als Geschmack, als Geruch, als Farbe … Da ist nicht »jemand, der das schmeckt und riecht und sieht, und dieser Jemand ist bewusst.« Da ist keine Dualität zwischen dem Beobachter und dem, was beobachtet wird, sondern nur Wahrnehmung, nur Geschmack und Geruch und Farbe.

Es gibt also »Bewusstsein über etwas« und »Bewusstsein als etwas«. »Bewusstsein über …« wird oft gleichgesetzt mit einem Zeugen, der außerhalb des Erlebens steht, über allem schwebt und sagt: »Aha, mir ist das alles bewusst!« Das ist nur eine Spielart des »Bewusstseins als etwas«, des Bewusstseins, das die Form von Sinneseindrücken annimmt und sich als alles zeigt, auch als Vorstellung vom Zeugen.

Wenn du das sagst, dann passiert so eine Entspannung in das hinein, was gerade ist. Das merke ich sehr stark.

Ja. Bewusstsein erscheint als alles, was gerade da ist. Wo ist jetzt *kein* Bewusstsein? Es zeigt sich als Worte, als Schuh … – als alles, was erlebt wird.

Diese Kraft in mir

Manchmal fühlt es sich so an, als ob ein Leben oder eine Kraft in mir wäre … Und ich würde sagen, das bin mehr »ich« als normalerweise. Es ist, als ob da irgendwo eine Kraft drinnen ist, die viel lebendiger ist als das »Ich«, mit dem ich mich normalerweise identifiziere. Es ist wohl auch keine Person – ich weiß auch nicht, was es ist –, aber es fühlt sich total lebendig an. Das bewerte ich höher, oder das ist für mich erstrebenswerter, als wenn ich nur im identifizierten Denken bin. Wenn diese Kraft da ist, dann scheint mir das, was ich tue oder sage, total stimmig – im Gegensatz dazu, was ich sonst aus dem Denken oder aus Emotionen heraus mache und was für mich oft nicht stimmig ist. Es passiert einfach, aber es hinterlässt negative Spuren: Überreaktionen im Straßenverkehr, jemanden anhupen, mich ärgern, natürlich auch mich über mich selbst ärgern … Und wenn das andere da ist, so wie auch jetzt hier im Augenblick, dann ist das … ich möchte fast sagen: vollkommen. Dann ist da nichts, was dem hinzugefügt werden könnte.

Aber es kann auch eine Sekunde später wieder weg sein, und ich bin wieder im Kopf auf dieser anderen Ebene, von der ich sage: Das ist nicht so stimmig. Sicher, das ist wieder eine Bewertung. Aber ich spüre ganz deutlich, dass diese Kraft gelegentlich da ist. Das habe ich auch oft im Satsang erfahren, dass plötzlich etwas anderes, Lebendiges in diesem Körper drin ist, jenseits von dem, was ich denke und fühle. Und es ist auch immer ziemlich das Gleiche … Ich kann nicht definieren, was es ist, aber es fühlt sich total stimmig an. Wenn das da ist, dann ist auch eine gewisse Menschlichkeit da. Es ist nicht so, dass dann alles gleich ist und nur neutral wahrgenommen wird, sondern da ist eine Liebe … Es stimmt dann vollkommen.

Ich kann mich auch durch Aufregen oder durch Ablenkung wieder total davon entfernen, dann ist es nicht mehr da, und dann passiert eben auch wieder das Normale – von dem ich natürlich weiß, dass es auch unpersönlich ist, aber ich sehe da trotzdem einen Unterschied.

Kannst du etwas sagen zu dieser Kraft oder zu diesem Lebendigen?

Ich kann nicht für dich sprechen, und du kannst mich gerne korrigieren – aber mir scheint, dass das, wovon du sprichst, immer da ist. Es ist keine Kraft, die ab und zu mal auftaucht, sondern es ist das Leben! Das ist die Liebe, das ist die Wachheit … Und das wird oft sozusagen gefiltert oder überlagert durch die Gedankenschleifen.

Wenn diese Gedankenschleifen laufen, dann äußert sich das zum Beispiel im Straßenverkehr als »Was bildet der sich ein! Dieser Idiot!« und so weiter. Das ist Lebendigkeit in einer anderen Form, die sich nicht halb so gut anfühlt. Wenn Gedanken aktiv sind und wichtig erscheinen, dann geht das oft auf Kosten der Wahrnehmung. Um andere Leute wahrzunehmen, ist es hilfreich, wenn sie nicht von Bildern und Kommentaren überlagert werden – wenn die Aufmerksamkeit nicht woanders ist.

Aber wenn die Aufmerksamkeit auf diese Gedankenschleifen gezogen wird und die ganzen Emotionen kommen, die gar nichts mit der momentanen Situation zu tun haben, sondern sich auf die Gedanken beziehen, die sich auch wieder auf eine andere Situation beziehen, dann fühlt sich das unvollständig und isoliert an; es ist verbunden mit einer gereizten Grundstimmung, dem Gefühl, dass man etwas verteidigen müsste, beweisen müsste, festhalten müsste, loslassen müsste … irgendetwas »müsste«!

Und wenn diese Gedanken-Überlagerung mal für einen Moment oder für ein paar Tage wegfällt, dann fühlt sich das so viel natürlicher an, so friedlich …

So ist man eigentlich!

Ja, es fühlt sich so zuhause an, dass einem diese Gedanken-Schleifen im Vergleich dazu wie Exil vorkommen.

Gerade weil dieser Unterschied so groß erscheint, bewertet man ihn auch und sagt: »Das will ich nicht. Ich will mich nicht aufregen, sondern immer bei mir sein« und so weiter. Diese Präferenz, dieses Ideal ist vielleicht auch eine Falle.

Wenn man sich Bilder von Ramana anschaut, wie er auf dem Sofa liegt, dann sieht er immer so entspannt aus! Der kann sich gar nicht aufregen. Es ist ihm völlig fremd, sich mit irgendetwas zu identifizieren. Daraus entsteht dann so ein Vorbild: »So ist es also, im Sein zu ruhen.« Und dann kommt mir seine Unterscheidung zwischen Selbst und

Nicht-Selbst in den Sinn, und Begriffe wie »Im Selbst verweilen«, das man sich durch viele Inkarnationen erarbeiten muss ... Das führt mich in einen Konflikt zwischen Bemühen und Nicht-Bemühen.

Das unterscheidet sich auch nicht sehr von – sagen wir: Heiligenbildern. Ein verklärter Blick, die Augen verzückt gen Himmel gerichtet und so weiter, das ist nur ein Ausschnitt des Erlebens. Die Heiligen schauen anders, wenn sie Blähungen haben.

Wenn man sagt: »Erleuchtung bedeutet, dass bestimmte Dinge nie mehr auftauchen« – das wäre doch eine völlige Einschränkung! »So, jetzt bin ich frei, denn jetzt ist die Hälfte des Lebens ausgeschlossen.«

Ja, das ist die Frage, ob das so erstrebenswert wäre oder ob das nicht langweilig würde.

Als Utopie ist das doch prima; Langeweile gehört ja zu den »negativen« Sachen, die nicht mehr auftauchen würden! Aber diese Ideale (»Jetzt müsste das noch verschwinden, dann wäre es so richtig schön!«), die hat Hitler auch gehabt. »Wir müssen nur noch ein bisschen aufräumen, Ordnung schaffen, dann wird die Welt zum Paradies.« So dachte auch Stalin, so denken die Terroristen: »Das muss noch weg, und dann ist es perfekt.« In unseren Kreisen ist es die Wut oder die Angst oder das Ego, was noch wegfallen muss, damit das Leben zum Paradies wird.

Die Vorstellung, dass alles nur noch friedlich sein sollte, bringt von vornherein Unzufriedenheit mit sich, weil sie im Widerspruch zum Erleben steht. Es ist nur ein unfriedlicher Gedanke mehr, zu sagen: »Diese Emotionen sollten nicht da sein.« Das ist auch nur wieder das Pseudo-Ich, das sich anmaßt zu entscheiden, was ins Leben gehört und was nicht – so wie auch Hitler entschieden hat, was lebenswert ist und was nicht. »Was muss ausgemerzt werden, damit das Leben besser wird?«

Übrigens haben auch Leute über Hitler gesagt: »Der Führer hat so gütige Augen!« Und vielleicht war das in dem Moment ja auch so. Er hat beim Bad in der Menge ein Baby auf den Arm genommen und sich vielleicht gedacht: »Oh, mein kleiner Volksgenosse, ich habe so eine schöne Vision für dich!« Und die Mutter des Babys sagt: »Der Führer hat so gütige Augen!«

Egal ob jemand entspannt auf dem Sofa liegt oder einen Krieg anzettelt – das ist keine Person, sondern eine Art, wie das Leben erscheint.

Der Verstand sagt: »Dieser Teil ist gut und soll zu allem werden; der Rest soll verschwinden, damit sich das Gute ausbreiten kann.« Und genau das ist der »Ich«-Gedanke: die Hoffnung, das Gute festhalten und das Schlechte fernhalten zu können.

elf

Papaji, Tony und Nathan

Es gibt ja so viele Satsangs, so viele Gespräche über Nondualität – da wundert es mich, wie selten die Erleuchtung ist. Es ist nicht schwierig, aber trotzdem total selten. Tausend Leute gingen zu Papaji, und nur eine Handvoll ist erwacht. Sicher, jeder hatte da mal einen guten Tag und dachte: »Das war's, ciao! Ich gehe zurück nach Europa und gebe Satsang!« – aber kaum saß er im Flugzeug, schon ging es wieder los …

»Verdammt, wo bleiben meine Erdnüsse?!«

Erwachen ist so einfach und doch so selten! Und wenn man tausendmal zum Satsang geht und all das hört, kann man trotzdem nicht aufhören. Diese Prozesse, die in jedem Menschen in Gang gesetzt wurden, die laufen einfach ab.

Was soll denn aufhören?

Naja, man geht ja zu einer spirituellen Veranstaltung, weil man sich etwas davon erhofft. Wenn man zum Satsang geht, dann will man Advaita erleben, Nichtdualität erleben, im Selbst verweilen … wie auch immer das in den Schriften beschrieben worden ist. Mit dem Ziel geht man hin. Und

Papaji hat immer gesagt: »Nein, hör auf zu suchen!« Ganz einfach: Stopp! Aber wie vielen passiert das auf Dauer?

Tja, das ist natürlich auch missverständlich: Wer soll denn aufhören zu suchen? Das ist so wie: »Hör auf zu denken!« Diese Imperative: »Halt an! Lass los! …«

Ja klar, und trotzdem gibt es Unterschiede, auch wenn zum Beispiel Tony Parsons sich hüten würde zu sagen, dass da ein Unterschied besteht – und trotzdem: Irgendetwas ist ja da anders!

Ein Unterschied zwischen …?

Zum Beispiel zwischen Tony Parsons und den Leuten, die zu seinen Talks gehen. Da ist kein Unterschied, und trotzdem ist bei Tony die Wahrnehmung da, dass es keinen Unterschied gibt – und das macht den Unterschied. Er sieht, dass kein Unterschied zwischen ihm und den Leuten besteht, und die anderen sehen das nicht.

Aber Tony sagt doch auch, dass es einen Unterschied gibt, dass die Wahrnehmung »total anders« ist, auch wenn das gleiche erlebt wird. Oder was sagst du dazu?

Die Leute sitzen bei Tony Parsons oder bei Gangaji oder sonst jemandem in der Hoffnung, dass etwas Besonderes passiert: dass plötzlich die Klarheit kommt, dass plötzlich der Durchbruch kommt – dieser berühmte »Shift«. Und diese Hoffnung ist wieder ein Gedanke, der sich auf die Zukunft bezieht: »In der Zukunft werde ich erkennen, dass es keine Zukunft gibt und alles Gegenwart ist! Wenn ich nicht mehr bin, dann werde ich erkennen, dass es mich nie gegeben hat!«

Aber was mich irritiert, ist, dass Tony Parsons selbst ja auch so spricht: »Wenn erst mal der Shift kommt, dann wird alles total anders!«

Tony beschreibt es so, dass bei seinem Spaziergang im Park ein energetischer Shift passiert ist, und plötzlich hat sich das ganze Erleben völlig verändert. Er sagt, das war außerhalb der Zeit, und in »Normalzeit« war es nur ein Moment.

Dann kam das »Ich« zurück, und anschließend hat er viel Zeit mit dem Versuch zugebracht, in diesen »Zustand der Ichlosigkeit« zurückzukehren und ihn zu etwas Dauerhaftem zu machen. Denn wie ihr ja auch sagt: Dieser »Zustand« fühlt sich so viel natürlicher und wahrer und freier an! Und so ging das, bis Tony irgendwann gesehen hat, dass »Me-ing« genauso »Being« ist – dass alles dasselbe Sein ist, egal wie es sich darstellt! Jeder Zustand ist Ichlosigkeit.

Bei Tony gab es diesen »Shift«, also spricht er darüber als etwas, das passiert. Auch bei Nathan Gill gab es eine Art »Shift«, aber er sieht das im Nachhinein eher als eine Falle, die dazu verführt, den »Ichlos-Zustand« als »das Richtige« zu sehen und alles andere als etwas Falsches, das noch verschwinden muss. Und die Erkenntnis wurde immer stärker, dass eben nichts verschwinden muss, sondern dass alles schon das Spiel des Seins ist. Es gibt nur das Spiel des Seins, egal was geschieht. Und wenn eine Identifikation auftaucht, dann ist eben das das Spiel des Seins, aber es gibt niemanden, der sich identifiziert.

Dieses Reden vom »Shift« kann meiner Ansicht nach missverstanden werden als »In Zukunft wirst du sehen, dass es nur Gegenwart gibt, aber so weit bist du noch nicht, denn du musst noch verschwinden, weil es dich nicht gibt!«

Kennst du dieses Buch von Richard Sylvester: »I hope you die soon«? Da geht es doch auch darum, dass das »Ich« sterben soll!

Das »Ich« soll sterben? Das ist, wie wenn du sagst: »Die Willensfreiheit soll sterben« oder: »Der Weihnachtsmann soll sterben.« So wie vielleicht der *Glaube* an Willensfreiheit endet, oder an den Weihnachtsmann, so ist es nur der *Glaube* an ein »Ich«, der endet. Nichts kann sterben, weil es nie ein »Ich« gab, sondern nur Gedanken, Gefühle und sonstige Wahrnehmungen. Was nicht existiert, muss nicht verschwinden. Das »Ich« ist kein Feind, sondern einfach nur die Vorstellung, getrennt von allem »anderen« zu sein. Diese Vorstellung kann durchschaut werden – aber wenn das nicht passiert, dann zeigt sich das Leben halt als Gefühl von Getrenntheit. Der Gedanke »Erst muss noch das und das passieren«, das ist eben genau der »Ich«-Gedanke, der dem Leben Vorschriften macht, wie es sein soll. Und auch das muss nicht verschwinden, weil es das Leben ist, das meint, es könnte sich Vorschriften machen.

In dieser Sicht gibt es kein Warten auf den Shift, kein »Die Perspektive von Tony möchte ich mal haben, aber so weit bin ich natürlich noch nicht!« Sondern die Perspektive, die wir jetzt gerade haben – das ist das Leben, das sich so sieht! Mehr ist da nicht.

Es kommt natürlich auch immer darauf an, was man hören will. Man kann bei Tony ganz klar hören, dass er sagt: »Da ist keine Hoffnung. Du kannst nichts machen.« Und wenn jemand sagt: »Ich kann also nur warten«, dann antwortet er: »Nein, worauf denn warten?« Aber dann kommt ein Satz über den Shift, und sofort springt man darauf an: »Aha, da gibt es doch noch etwas!«

»Ah, der Shift! Ist da gerade ein Shift? Ja, aber nur so ein bisschen, das shiftet noch nicht genug!«

Was genau ist denn eigentlich mit »Shift« gemeint?

Eine energetische Veränderung, durch die plötzlich alles anders ist; der Donnerschlag, der die Erleuchtung bringt. Nathan Gill würde sagen: »Man wartet auf das Feuerwerk.« Aber es braucht kein Feuerwerk für das Leben, damit es das Leben ist.

Ja, und das kann auch gefährlich sein, weil jedes Feuerwerk mal zu Ende ist, und danach hängt man dieser ganz tollen Erfahrung nach und hofft, dass es wieder so wird.

… statt dass das Feuerwerk nur eine dieser Erscheinungen ist, die im Leben auftauchen, und nichts Bleibendes. Alles sind nur flüchtige Erscheinungen.

Da ist nie ein »Ich«, egal was für Gedanken oder Spannungen auftauchen, sondern immer nur Gefühle, Gedanken, Wahrnehmungen.

Nichts, Etwas und der Kinderspielplatz

Es ist also nur ein Gedanke, dass ich da bin.

Es ist ein Gedanke, ja. Oder wenn wir sagen: Da ist ein Empfinden, dass du da bist – was ist dieses Empfinden? Kannst du es irgendwie beschreiben?

Nein, es ist nur ein Gedanke … und ein Gefühl dazu.

Ein Gedanke und ein Gefühl. Der Gedanke sagt: »Hier bin ich«, und das Gefühl scheint das zu bestätigen. Aber Gedanken und Gefühle sind mal da und mal nicht, und was immer hier ist, ist die Gegenwart, die Präsenz.

Wir sind nur Geist, und diese Erde ist nicht unser Zuhause. Ohne die Illusion der Sinne wären wir zuhause.

Hier sind Farben, Bewegungen, Klänge, Gerüche … Was davon muss verschwinden, damit das hier »Zuhause« ist?

Gar nichts muss verschwinden, nur die Freude fehlt. Es gibt kaum Freude im Leben, höchstens mal für einen Augenblick, und im nächsten Moment ist sie schon wieder weg. Wenn ich auf mein Leben zurückschaue, dann habe ich wirkliche Freude immer nur mal für einen kurzen Augenblick erlebt.

Da ist also Sehnsucht nach Freude. Gibt es Gedanken, wie oder wo die Freude zu finden ist?

Nein, ich habe genug gesucht, und ich habe festgestellt: Hier ist keine Freude zu finden.

Wo fühlst du dich denn hingezogen?

Zu diesem Nichts, wo nichts mehr ist.

So ist es ja zum Beispiel im Tiefschlaf: Da ist nichts. Ist da Freude? Es gibt verschiedene Arten von Freude, zum Beispiel: »Jaaa, Lottogewinn!« oder »Yeah, Aids-Test bestanden!«

Ja, aber nach einer gewissen Zeit merkt man: Das ist auch nichts. Klar, von solchen kleinen Freuden gibt es viele, aber das ist alles nichts. Ich stelle immer wieder fest: Das ist auch nicht, was ich suche.

Das ist alles nichts, und das Nichts ist das, wo es dich hinzieht. Du sehnst dich nach dem Nichts.

Ja. Was ist, ist nichts, und was ich suche, ist auch nichts.

Ja, es ist gut, das zu sehen, weil man die Freude immer im Etwas sucht – aber eigentlich entspricht einem das Nichts viel mehr! Wie du sagst: »Eigentlich fühle ich mich zum Nichts hingezogen.« Und jedes Etwas taucht mal kurz auf: »Hm, das schmeckt gut – so, vorbei.« »Oh, ich bin so verliebt – ach, jetzt lässt es nach.« »Lottogewinn – oh, jetzt nerven die blöden Verwandten.«

Jedes Etwas taucht kurz auf und verschwindet wieder. Jede Farbe ist da, und dann siehst du eine andere Farbe.

Das sind alles nur Ablenkungen von einem selber, weil das wahre Selbst hier sowieso nicht zu finden ist.

Hier ist nichts zu finden außer Farben, Gefühlen … was ganz in Ordnung ist, wenn du dich sowieso nach dem Nichts sehnst.

Lass uns nochmal zu dem Punkt zurückkehren, dass diese überschäumende »Yeah Yeah Yeah!«-Freude vielleicht mal für eine Stunde da sein kann, aber dann lässt sie nach. Der Körper ist einfach nicht für Dauer-Ekstase gemacht.

Und dieses Nichts, das kennst du auch. Vorhin haben wir über diese Kraft und Lebendigkeit gesprochen, die manchmal spürbar ist; das kennst du auch, oder?

Mhm … ja.

Genau das! Das kennst du auch. Und das ist oft überlagert von allen möglichen Sorgen und Zeugs, was zusätzlich auftaucht. Aber das Nichts geht dadurch nicht weg, nur weil es die Form von Etwas annimmt.

Das ist aber nicht greifbar.

Nein, es ist nicht greifbar. Aber sagen wir mal, dass da dieses Nichts ist, oder nennen wir es Bewusstsein oder Präsenz … Und sagen wir mal, das geht auch nie weg. Aber es wird oft übersehen, es bleibt im Hintergrund, weil die Aufmerksamkeit sich mit der Vordergrund-Action beschäftigt: Sinne, Gedanken … Dadurch wird es übersehen. Und wenn die Aufmerksamkeit bei den Gedanken-Inhalten ist, dann erscheinen die als etwas sehr Wichtiges. Dann ist der Rest im Vergleich dazu »nur Nichts«.

Man sucht etwas im Etwas, und dann kriegt man es und sagt: »Na toll, wieder etwas.« Für einen Moment ist es »Yeah!« und dann ist es dasselbe wie vorher. »Ich habe mir so viel davon erhofft; ich dachte, das macht mich glücklich – und jetzt habe ich nur Geld.«

Also, dieses Nichts/Bewusstsein ist immer da und wird übersehen, wenn die Aufmerksamkeit auf »etwas« geht, das als Bedingung fürs Glück angesehen wird; »etwas, das ich brauche.« Und gleichzeitig sehnt sich alles, was auftaucht, danach, wieder ins Nichts zu verschwinden, sich in Wohlgefallen aufzulösen. Und man sagt: »Ach, wäre das schön, wenn alles ins Nichts verschwindet; das würde mich glücklich machen!« Denn Nichts ist das, was glücklich macht. Nichts macht glücklich.

Ja. Ja, das ist eine schöne Doppelbedeutung!

Es ist eine Liebesbeziehung zwischen Allem und Nichts: Das Etwas sehnt sich ins Nichts zurück. Und das Nichts liebt es, als Farben und Klänge und alles Mögliche zu erscheinen. Wenn wir mal so reden, als hätte das Nichts Eigenschaften und würde etwas wollen, dann können wir sagen: Das Nichts nimmt gern die Form von Etwas an. Es erscheint gern in Form von Tassen und von Worten und …

… und Musik …

Ja, und in Form von Schulden und in Form von Geld und in Form von Gedanken … in Form von! Und wenn dieses Etwas da ist, dann wird es vom Nichts angezogen und strebt zurück in die Formlosigkeit.

[*Stille …*]

Und dieses Nichts ist so schwer zu erreichen!

Für Etwas schon. Nur Nichts sieht Nichts. Die Liebe sieht dasselbe Nichts in allem; sie sieht, wie alles aus dem Nichts auftaucht und wieder ins Nichts abtaucht und Nichts ist. Dieses Einssein ist total intim, näher als nah. Das Nichts liebt es, als etwas zu erscheinen, Gestalt anzunehmen, hörbar, sichtbar, spürbar zu werden – es liebt das Auftauchen. Und das Etwas fühlt sich angezogen von seiner Quelle, auch wenn es vielleicht manchmal verwirrt und verängstigt ist von »etwas«, das es nicht begreifen kann und das ihm als Tod erscheint, weil es eben kein Etwas ist. Aber jeder Mensch und jedes Tier liebt es, einzuschlafen und ins Nichts zurückzukehren.

Aber ich finde es schwer, beim Nichts zu bleiben, weil im nächsten Augenblick schon der nächste Gedanke kommt.

Ja, dann wird das Nichts vielleicht wieder übersehen, aber deshalb ist es nicht weg. Bewusstsein ist nicht weg, nur weil es sich mit einem Bewusstseinsinhalt beschäftigt.

Wir brauchen keine Unterscheidung »Etwas – schlecht; Nichts – gut«. Das Etwas wäre ja nur dann ein Problem, wenn es ein Hindernis für das Nichts wäre. »Wenn das ganze Etwas nicht wäre, dann wäre viel mehr Platz fürs Nichts!« Wenn Gedanken da sind, dann taucht das Nichts als Gedanken auf.

Wenn du siehst, wie alles aus dem Nichts kommt und wie alles, was da ist, auch Nichts ist …

Man kann aber nicht gegen ein System kämpfen, das dazu da ist, diese Welt zu erhalten. Das Ego erhält die Illusion der Welt durch die Gedanken aufrecht, und man kann sie einfach nicht abstellen.

Das mit den Gedanken ist ein bisschen so, wie wenn du an einem Kinderspielplatz wohnst. Ulla und ich, wir wohnen an einem Spielplatz. Was man da die ganze Zeit für Quatsch hört: »Fang mich doch, Eierloch!« und solche Sprüche, die es in meiner Kindheit auch schon gab – sinnlos, aber einprägsam! »Drei Meter vom Leib, oder ich speib!« Wenn du an einem Spielplatz wohnst, dann hörst du die ganze Zeit solche Sachen. Egal ob dir das gefällt oder dich nervt, egal wie man es bewertet – das läuft die ganze Zeit, so wie die Gedanken auch.

Es wird nie passieren, dass man nur sinnvolle, konstruktive Gedanken hat. »Heute hatte ich nur nützliche Gedanken; es waren genau drei. Halt, jetzt sind es schon vier. Verdammt! Fünf. Oh, eine Bewertung! Sechs. …«

Gedanken laufen einfach so dahin, so wie die Kinder auf dem Spielplatz. Schreien und Lachen und Weinen und Kämpfen und Vergleichen … Kennst du jemanden, bei dem das nicht so ist? Ich auch nicht. Aber eine Menge Leute haben die Vorstellung, es wäre gut, wenn man seine Gedanken abschalten könnte. Darüber gibt es viele, viele Bücher, und dann gibt es Übungsbücher dazu und Kalendersprüche … Aber diese Texte und Übungen und Kalendersprüche sind ja alles Gedanken!

Das ist universell so: Menschen haben Gedanken. Wenn jemand geübt ist in Meditation, dann hat er vielleicht mal ein paar Minuten Gedankenstille. Und dann kommt der Gedanke: »Geil, heute läuft's echt gut!«

 *»Ich mache Fortschritte!«*

 »Gestern war es nicht so lang. Verdammt, ich bin nicht mehr im Hier und Jetzt! Halt, nicht bewerten, nur vorbeiziehen lassen!«

 *»Das war das ›Ich‹! Nein, es gibt ja gar kein ›Ich‹! Eigentlich ist ja alles okay, so wie es ist! Nein, es ist, wie es ist! Nein, es* ist *einfach!«*

 »Verdammt, so viele Gedanken! Jetzt lass doch mal los! Aber da ist doch niemand, der loslassen kann! Ach, halt du dich doch da raus!«

Und wenn das bei dir auch so abläuft, dann willkommen im Klub! Wir wohnen alle am selben Kinderspielplatz. Das ist unser Zuhause. Und kein Kind muss still sein.

zwölf

Gedanken fallen lassen

Ich bemerke immer wieder, dass ich über bestimmte Dinge nachdenke, und dieses Denken führt dann immer wieder zu stressigen Handlungen. Das hängt nur an den Gedanken, die ich habe, und ich denke mir oft: »Wenn ich doch diese Gedanken mal fallen lassen könnte, dann wäre das Leben viel einfacher! Dann müsste ich diese Handlung nicht machen, und dann wäre ich viel entspannter.« Aber das ist ja wieder nur ein Gedanke, der mich nicht weiter bringt. Da gibt es keine Instanz, die das fallen lassen kann, oder?

Es gab keine Instanz, die den Gedanken aufgegriffen hat, und es gibt keine Instanz, die ihn fallen lassen kann.

Das kommt und geht.

Alles kommt und geht. Und wenn ein Gedanke für wichtig gehalten wird und Emotionen mit sich bringt – wenn es zum Beispiel wichtig scheint, ihn loszuwerden –, dann bleibt er vielleicht etwas länger. Emotionen können einen Gedanken für eine Weile fixieren.

Aber ob ich ihn für wichtig halte oder ob er Emotionen auslöst, kann ich auch nicht steuern, oder? Das ist, was geschieht.

Ja. Aber was auch geschieht, ist, dass Gedanken wegfallen. Das kennst du auch; du hast nicht immer denselben Gedanken. Wie kommt es, dass ein Gedanke wegfällt?

Ich arbeite ja auch therapeutisch zum Beispiel mit Leuten, die Zwangsgedanken haben: Bilder, die immer wieder auftauchen und unangenehme Gefühle oder Handlungen auslösen. In der Therapie geht es darum, neue Reaktionen auf die Bilder zu lernen, sie anders zu sehen. Zum Beispiel wird klarer, dass es ja nur Bilder sind, und dass ein Bild keine eingebaute Konsequenz hat, keine zwangsläufige Reaktion. Dadurch verschwinden die Bilder oft auch ganz.

Um es deutlich zu sagen: Jetzt reden wir über Therapie. »Was kann getan werden, wenn quälende Gedanken immer wieder auftauchen?« Das ist, wie wenn einem der Rücken wehtut; man kann zum Arzt gehen, und der gibt einem Empfehlungen: »Machen Sie das und das.« Da würden wir auch nicht sagen: »Aber es gibt ja niemanden, der das machen könnte!«

Sondern es passiert.

Es passiert. Wenn die Information gehört wird, dass es gut wäre, Gymnastik zu machen, dann kann das umgesetzt werden, oder »es kann geschehen.« In der Psychotherapie ist das sehr ähnlich: Neue Informationen über die Gedanken kommen ins Spiel, die neue Sichtweisen und neue Reaktionsweisen ermöglichen. Hier geht es nicht um Fatalismus, nicht darum, sich mit allem abzufinden. Es gibt nur niemanden, der sich abfindet oder nicht abfindet, sondern Gedanken sortieren sich neu. Du redest mit jemand anderem, und neue Informationen kommen ins Spiel. »Aha, so habe ich das noch gar nicht gesehen!«

Das ist auch nichts anderes, als wenn du jeden Tag denselben Weg zur Arbeit fährst, und irgendwann fragt dich ein Kollege: »Warum fährst du eigentlich nicht über die Straße, das geht doch viel schneller?« Und du sagst: »Hey, die Straße kannte ich noch gar nicht, in Zukunft fahre ich da lang!« Du würdest nicht sagen: »Es gibt niemanden, der sich umentscheiden kann«, sondern eine Information kommt ins Spiel und wird umgesetzt. Das Leben bringt die Information, das Leben setzt sie um. Oder auch nicht.

Aber das Leben ist immer hundertprozentig richtig. Genau so, wie es jetzt gerade ist, ist es hundertprozentig richtig – sonst wäre es anders, oder?

»Richtig oder falsch« ist ein Maßstab im Denken. So wie es ist, so ist das Leben, ohne Soll. Und im Leben taucht vielleicht der Gedanke auf: »So ist es falsch«, oder: »Genau so ist es richtig.«

Aber es gibt in dem Ganzen keine Instanz, die irgendetwas steuert. Es gibt nur das Leben …

… das vor sich hin sprudelt, und nichts ist außerhalb davon. Und alles Gesprudel, alles Leben ist und bleibt Nichts! Zum Beispiel taucht gerade ein Geräusch aus dem Nichts auf – und jetzt ist es wieder ins Nichts abgetaucht. War es denn zwischendurch »etwas«?

Vielleicht hörst du, wie das hier [*klopft ans Stuhlbein*] dasselbe ist wie ein Gedanke, der kommt – nur dass Gedanken oft ein bisschen länger klopfen, bevor sie wieder gehen.

Gefühle, Gedanken und Wolken

Gefühle und Gedanken kommen und gehen wie Wolken am Himmel. Manche sind dunkel und manche sind heller. Aber wir ziehen doch bestimmte Gedanken an, oder? Dieser Organismus hat doch Gedanken, die er anzieht.

Unsere Stimmungen ändern sich ständig: verkatert oder ausgeruht, verliebt oder einsam, gut gelaunt oder depressiv, krank oder gesund … Und für jede dieser Stimmungen gibt es passende Gedanken, die vom momentanen Gefühl angezogen werden. Umgekehrt könnten wir es natürlich auch beschreiben: Gedanken bringen Gefühle mit sich; das ist wie das Ei und die Henne. Angenommen, man ist deprimiert, man fühlt sich nicht wohl, ist lustlos und so weiter. Dann beginnt das Denken zu suchen, woran das liegen könnte – einfach aus Hilfsbereitschaft. »Ich möchte mich nicht so fühlen; irgendetwas stimmt nicht, was ist los? Ich muss etwas ändern, aber was?« Und als Antwort kommt ein

Gedanke, der zur Stimmung passt, zum Beispiel: »Mein ganzes Leben ist blöd.« Und wenn der Gedanke zum Gefühl passt, dann sagt das Gefühl: »Genau! Stimmt! So ist es!« und wird stärker. Dann sagt das Denken: »Aha! Das ist es also!« und denkt darüber nach, was alles im Leben blöd ist.

So ziehen Gefühle passende Gedanken an, und die Gedanken ziehen wieder passende Gefühle an. Wenn ich denke, dass mein ganzes Leben sinnlos ist – und glaube, es müsste sinnvoll sein –, dann kommen deprimierende Gefühle auf. Wenn ich auf gar nichts Lust habe, dann tauchen Vorstellungen von Dingen auf, die ich tun müsste, und die Bilder haben alle einen Grauschleier, der sie nicht gerade verlockend erscheinen lässt. Trübe Gedanken machen trübe Gefühle, trübe Gefühle machen trübe Gedanken. Dann kommt der Gedanke »Ich sollte positiv denken«, gefolgt vom Gedanken »Nicht einmal das kriege ich hin, andere schaffen das doch auch«, immer verbunden mit den passenden Gefühlen.

»Irgendetwas stimmt nicht mit mir«, dieser Gedanke macht ein schlechtes Gefühl. Und woher weiß ich, dass mit mir etwas nicht stimmt? Weil ich mich schlecht fühle: klein, schwach und unfähig. Wenn ich mich so fühle, dann stimmt doch etwas nicht mit mir! Und wenn ich so denke, dann fühle ich mich klein und blöd und neben der Spur. So geht das immer im Kreis.

Ich stehe mir also selber im Weg.

Da ist niemand, der niemandem im Weg steht, der nirgends hinführt. Da sind nur Wahrnehmungen, nur Gedanken und Gefühle.

Aber diese Gedanken kommen einem Individuum, und in diesem Fall bin ich das Individuum, und du bist jemand anders. Meine Gedanken sind nicht deine Gedanken; es sind eben die Gedanken, die ich anziehe. Da muss es ein Heilmittel geben!

Ein Heilmittel wofür?

Damit die Gedanken sich verbessern.

Gut, ich sage dir das Heilmittel!

Endlich!

Aber vorher mache ich noch schnell Tee. – Nein, hier endlich das Heilmittel: Wenn der Glaube nachlässt, dass »ich« die richtigen Gedanken haben müsste, dann sind die Gedanken nichts Ernstes und Wichtiges mehr, sondern einfach nur Erscheinungen, die auftauchen, so wie Wolken am Himmel. Weiße Wolken, graue Wolken – egal, es sind alles nur Wolken, und ich habe sie nicht gemacht. Ich schaue nicht in den Himmel und sage: »Hm, anscheinend habe ich schlechtes Wetter angezogen!«, sondern Wolken tauchen halt am Himmel auf, und der Himmel macht nicht die Wolken.

Aber die dunklen Wolken sollten mich nicht in eine dunkle Stimmung versetzen.

Wenn das passiert, dann passiert es. Wenn du sagst: »Ich sollte eine gute Stimmung haben«, dann erscheinen die Gedanken als etwas Ernsteres als Wolken. Dann stimmt etwas nicht mit »dir«, wenn »du« schlechte Gedanken hast, statt dass es halt mal eine dunkle Wolke ist, na und? Dann taucht ein Gedanke auf als einer von zehntausend Gedanken, die vorüberziehen wie Wolken – statt dass er auf »mich« bezogen wird: »Oh nein, so sollte ich nicht denken!«

Das ist das »Heilmittel«: zu sehen, dass niemand Heilung braucht. Und wenn das nicht gesehen wird, dann braucht trotzdem niemand Heilung. Wenn ihr jemanden sucht, der euch beibringt, nur noch heiter-gelassene Gedanken zu denken, dann bin ich leider der Falsche dafür.

Also kann ich nichts für die Gedanken, die auftauchen?

Genau, weil die Gedanken aus der Situation kommen, und aus der momentanen Stimmung. Wenn ich zum Beispiel »Zebras und Nashörner« sage, dann denkst du sofort an Zebras und Nashörner. Diese Gedanken hast nicht »du« gemacht, oder?

Nein …

Jetzt weißt du, wer an deinen Gedanken schuld ist!

Tja, aber ich mache mir Gedanken über die Gedanken.

Die Gedanken machen sich Gedanken über Gedanken. Das ist meiner Ansicht nach unvermeidlich, es passiert automatisch. Was dagegen hilft, sind starke Drogen, Betäubungsmittel und solche Sachen. Das fährt die Gedanken runter, allerdings nur, solange man sie nimmt.

Was ist mit Meditation? Kann das nicht auch die Gedanken stoppen?

Ja, das funktioniert auch oft – und es hält vielleicht noch eine Stunde an, je nach Situation. Vielen Leuten hilft auch Joggen, um den Kopf freizubekommen. Aber was ist so schlimm an Gedanken? Alles, was getan wird, um Gedanken los zu werden, stärkt den Gedanken, dass »ich« Gedanken los werden müsste.

Ohne diese »Ich«-Vorstellung muss sich nichts ändern; da sind einfach nur Gedanken, ebenso wie Farben, Gefühle und alles andere. Und mit dieser »Ich«-Vorstellung ist da halt ein Gedanke mehr: »Dieser Gedanke sollte nicht auftauchen.« Dieser Gedanke tut so, als wäre er etwas ganz anderes – »mein« Gedanke im Gegensatz zu allen anderen

Gedanken. In Wirklichkeit ist er auch nur einer in diesem ganzen Schwarm von Gedanken; ein Gedanke, der sagt: »Wenn die Gedanken nicht wären, dann wäre es besser.«

Was ist das »Ich«-Gefühl?

Ich fand einen Punkt gut, über den du vorhin gesprochen hast: Wenn ein Gedanke kommt, in dem »Ich« vorkommt, und der bringt ein »Ich«-Gefühl mit sich, dann geschieht eben das. Man kann nicht einen Teil aus dem Ganzen herausnehmen und behaupten: »Das gibt es nicht, aber alles andere taucht auf und darf da sein.« Das »Ich«-Gefühl ist dann eben genauso da wie die Wand oder die Stimme oder die Tasse.

Was ist dieses »Ich«-Gefühl? Wie fühlt sich »Ich« an?

Begrenzt. Getrennt. Zersplittert.

Gut, lasst uns erst mal »begrenzt« und »getrennt« zusammenfassen: Was begrenzt ist, ist getrennt vom Rest. Die Begrenzung bezieht sich dann wohl auf den Körper, oder? »Hier bin ich, und dort bin ich nicht.«

Ja, genau.

Das ist natürlich eine passende Beschreibung fürs körperliche Empfinden. Wenn du zum Beispiel einen Schuh werfen würdest, dann könnte ich einschätzen, ob ich mich ducken muss, um nicht am Kopf getroffen zu werden, oder ob der Wurf an mir vorbei geht. Das geschieht ganz automatisch. Man sagt nicht: »Ich bin der ganze Raum, also ist es egal, wo der Schuh landet. Alles taucht nur in mir auf: der Schuh, der Schmerz, die Beule …« – sondern man weicht dem Schuh aus. Das ist sinnvoll.

Es gibt also eine körperliche Begrenzung, und es ist sinnvoll, zu wissen, wo der Körper aufhört. Insofern gibt es eine körperliche Trennung, so wie auch meine beiden Hände voneinander getrennt sind und der Zeigefinger vom Daumen getrennt ist.

Jetzt zu »Das ›Ich‹ fühlt sich zersplittert an«: Da kommen verschiedene Gedanken, die nicht zusammenzupassen scheinen, oder widersprüchliche Empfindungen, und es gibt keine Zentrale, keine Instanz, die das Ganze zusammenhält.

Genau, deshalb bestehe ich ja so auf dieser zentralen Instanz, weil ich sie gerade nicht genug erlebe!

Wenn du keine zentrale Instanz erlebst, ist dann der Gedanke damit verbunden »Da stimmt doch etwas nicht«?

Ja, klar!

Und wie wäre es ohne diesen Gedanken?

Hm.

Ich habe nämlich keine solche Instanz; ich bin keine Instanz. Mir scheint nur nicht, dass daran etwas verkehrt ist.

Aber ich erinnere mich an das Gefühl einer Instanz, und ich weiß, wie es ist, wenn sich diese Instanz mit etwas Höherem verbindet, mit dem Höheren Selbst. Also möchte ich auch daran glauben, weil mir das immer gut getan hat.

Das verstehe ich gut. Ich kenne das auch (wie wir alle wahrscheinlich), wie schön es ist, in etwas Größerem aufzugehen, ins Nichts oder in die Unendlichkeit einzutauchen. Die Unendlichkeit verschwindet aber nicht, nur weil du in dir keine Instanz findest.

In den Zeiten, in denen ich mich als kleines »Ich« empfunden habe, das durch die Welt irrt (und auch mal nette Leute trifft, aber grundsätzlich allein durch die Welt irrt), war das sehr befreiend und überwältigend und heilend, sich an ein großes »Ich« anzukoppeln und sich in ihm aufzulösen.

Aber dich nicht mehr für ein kleines »Ich« zu halten, das einsam durch die Welt irrt, genau das ist die Ankoppelung! Nichts war jemals getrennt vom Ganzen, das war nur eine Vorstellung. Dieses kleine »Ich« ist eben genau die Vorstellung von Getrenntsein!

Du kennst dieses »größere Ganze«. In dem Moment, wo du es spürst, da weißt du einfach, dass alles davor nur Illusion war und dass du nicht getrennt warst. Genau das ist ja die Erkenntnis in diesem Moment! Da sagst du nicht: »Aha, jetzt habe ich den Eingang gefunden! Hier bleibe ich jetzt.«

Und selbst wenn so ein Gedanke auftaucht – tja, als Nächstes entgleitet die Erfahrung wieder, und es scheint wieder eine kleine, getrennte Instanz zu geben, die umherirrt und nicht zurückfindet. Das Einssein ist nichts, das man machen kann oder machen muss. Was einen scheinbar getrennt hält, ist die Frage: »Wo war jetzt nochmal der Zugang dazu? Was mache ich gerade falsch, dass ich das Einssein nicht mehr fühle? Wo ist es hin?« Aber eigentlich ist nur die Identifikation mit diesem kleinen Gespenst zurückgekommen, das sich mit dem großen Geist verbinden soll.

Jeder Aspekt ist untrennbar verbunden mit dem Ganzen und ist Ausdruck des Ganzen. Es scheint nur anders, wenn der Gedanke geglaubt wird, dass ich dieses kleine Herumirren bin. Man kann eigentlich gar nicht von »Verbindung« sprechen, weil da nichts ist, was verbunden werden könnte; es gibt keine Trennung.

Der Gedanke, dass man sich ins Einssein einwählen könnte, wenn man das Richtige tut, überlagert das Erleben des Einsseins, weil er die Trennung voraussetzt. Das erweckt den Anschein, als gäbe es jemanden, der Gedanken heilt, der loslässt, sich öffnet und so weiter.

Alle Theorien darüber, wie man das Einssein erlangt, verstärken nur den Glauben an eine Instanz, die getrennt ist und den Weg zum Einssein beschreiten kann. »Wie kann ich die Trennung aufheben?« – dieser Gedanke *ist* schon die scheinbare Trennung!

Schluss

Superhelden im Tiefschlaf

Was mich immer wieder beschäftigt, ist das mit dem Tiefschlaf. Oft ist klar, dass alles dem Nichts entspringt. Aber diese Erkenntnis ist ja im Tiefschlaf weg, oder wie du sagst: Im Tiefschlaf wird nichts aufgezeichnet. Da ist aber nichts, was ich übersehe, nichts, was irgendwie wahrgenommen werden könnte, oder? Wenn ich diesen Tiefschlaf als die Essenz von mir bezeichne, das, was immer da ist, aus dem alles auftaucht und in das alles verschwindet ... Aber das ist ja wieder eine Unterscheidung zwischen Essenz und Nicht-Essenz.

Alles ist Essenz. Jetzt gerade zeigt sie sich als Farben und Klänge. Im Tiefschlaf geschieht das nicht; da ist nur Sein, ohne dass sich etwas ausformt. Du musst nicht im Bett liegen und sagen: »So, dies ist der Tiefschlaf, ich bin mir bewusst darüber: Das ist jetzt reines Sein.« Da *ist* einfach nur reines Sein, ohne Reflexion, ohne Beschreibung! Und das hier ist auch reines Sein, diesmal in Farbe.

Ich will manchmal noch etwas verstehen, wo es nichts zu verstehen gibt.

Ja, der Verstand versucht, alles zu verstehen, das ist halt seine Funktion. Und das ist auch gut so! Es wäre blöd, wenn er immer sofort aufgeben würde: »Wieso wird es jetzt dunkel? Das kann man nicht verstehen.« Doch, das kann man! Der Verstand ist ja dazu da, um Dinge zu verstehen, Erklärungen zu finden und eben auch sich vorzustellen: »Wie könnte es anders sein?« Zum Beispiel sitzen Steinzeitmenschen in ihrer Höhle, es wird dunkel und kalt, und der Gedanke entsteht: »Mist! Wie könnte es anders sein?« Und einer sagt: »Wir könnten ja das Feuer von draußen in die Höhle holen, dann haben wir es drinnen wieder hell und warm!« Der Gedanke »Wie könnte es anders sein?« wird praktisch umgesetzt, das nennt man zum Beispiel »Erfindung«.

Der Verstand versucht, alles zu verstehen. Wenn er aber an den Punkt kommt, wo er erkennt: »Das kann ich einfach nicht verstehen«, dann kann der Verstand loslassen. Dann sagt er nicht mehr: »Da stimmt doch was nicht, da fehlt doch etwas!«, sondern der Verstand erkennt: Dafür ist er nicht zuständig, so wie man Wasser nicht mit einem Sieb auffangen kann. Wenn das klar ist, dann probiert es der Verstand gar nicht mehr, und er hat ja trotzdem noch genug zu tun: »Wo steht mein Auto? Wie kriege ich eine Gehaltserhöhung?« ... praktische Dinge, für die er zuständig ist. Nichts braucht er nicht verstehen, und wenn er erkennt, dass er das nicht kann, dann akzeptiert er das und gibt den Versuch einfach auf.

Viele Wissenschaftler sagen: »Alles ist mit dem Urknall entstanden. Da war nichts, und dieses Nichts ist explodiert, und daraus kam alles.« So etwas sagen ja nicht nur wir Spinner, sondern auch Wissenschaftler behaupten das.

Wenn du Stephen Hawking fragst: »Und was war vor dem Urknall?«, dann antwortet er: »Diese Frage kann man nicht stellen, weil es vor dem Urknall ja keine Zeit gab. Du kannst auch nicht fragen, wo der Urknall stattgefunden hat, weil es davor ja noch keinen Raum gab. Es gab kein ›Davor‹ und kein ›Wo‹, denn Raum und Zeit sind erst durch den Urknall entstanden.« Mit anderen Worten sagt er: »Das Denken kann da nicht mehr weiter, ohne Raum und Zeit fehlen ihm die Koordinaten.« Und sogar jemand, der so viel Wert aufs Denken legt (oder vielleicht gerade so jemand) sagt: »Alles kommt aus dem Nichts, es gibt kein ›Davor‹.«

Der Urknall ist natürlich auch nur eine Theorie, aber das ist eine hübsche Analogie zum momentanen Erleben: »Wo kommt das alles her? – Tja, da ist es halt einfach, aus dem Nichts.« »Wo bist du im Tiefschlaf? – Es gibt kein ›Wo‹.« Einen Ort gibt es nur, wenn die Sinne aktiv sind, nur in den Sinnen und im Denken. Ohne Sinne und Denken gibt es kein »Wo« und kein »Wie lang«. »Wie lange war der Tiefschlaf?« Diese Frage stellt sich erst, wenn du wieder wach bist und feststellst: »Er war zu kurz.«

Wobei ich aber von Erleuchteten gelesen habe, die sich selbst beobachten, während sie schlafen; sie sind bewusst, während der Körper schläft. Die sind auch im Tiefschlaf sozusagen »da« und nehmen die Situation wahr.

Und was nehmen sie dann als Situation wahr?

Sie sehen sich schlafen.

Es gibt sicher »Leute« (wenn wir sie so nennen wollen) mit speziellen Fähigkeiten. Zum Beispiel gibt es Leute, die sehr empfänglich sind dafür, was ein Anderer fühlt, oder die besonders charismatisch sind, eine besondere Ausstrahlung haben. Es gibt auch welche mit einer besonderen Konzentrationsfähigkeit und vielleicht auch welche mit Vorahnungen. Und so gibt es eben auch Meister der Dissoziation, die als Beobachter von außerhalb aufs Erleben schauen, was aber nichts weiter bedeutet. Das sind spezielle Ausformungen, so wie jemand anders ein Talent zum Malen oder zum Tanzen hat. So manifestiert sich das Leben halt auch. Oder es manifestiert sich als »Wenn ich schlafe, dann weiß ich nix.« So wie es sich manifestiert, so geschieht es eben.

Es gibt viele solche Geschichten; ich habe mal ein Buch von jemandem gelesen, der bei seiner »Erleuchtungserfahrung« die Welt von außen sah und sich durchs Universum ausdehnte und die Planeten und Galaxien in sich sah …

Das hört sich jetzt aber mehr nach Kiffer-Party an.

Ich liebe solche Geschichten von Superhelden mit Superkräften! »Echt?! Und was ist dann passiert?« Aber sie sind auch nicht anders als: »Und dann hast du dich wirklich allein in den Keller getraut?« Geschichten sind faszinierend, aber sie können ablenken von dem, was einfach jetzt da ist. Sie können auch den Eindruck vermitteln: »Wenn ich mich im Schlaf nicht selber schlafen sehe, dann ist es das noch nicht, dann gibt es noch etwas zu erreichen. Da fehlt mir noch etwas; es gibt noch eine Stufe zu erklimmen.« Und ich wette: Wenn diese Stufe erklommen ist, dann gibt es noch eine nächste.

Aber so wie es jetzt ist, so ist es! So! Das! Hörendes, sehendes, fühlendes Nichts, ganz stufenlos.

Ich hatte auch lange die Idee, all das erreichen zu müssen, was ich in spirituellen Büchern gelesen habe, zum Beispiel auch, mich selbst beim Schlafen zu sehen. Die Geschichte von jemand anderem zu nehmen und mir deren Leistungen als Ziel zu setzen, das bedeutet, immer auf die anderen zu schauen und deren Erleben höher zu schätzen als mein eigenes. Zu schauen: »Wie erleben die?« und mich daran zu messen: »So muss es sein.«

Ich bin aber nie auf die Idee gekommen, dass ich eine Goldmedaille bei den Olympischen Spielen holen müsste oder eine berühmte Pianistin werden müsste. Deshalb fand ich diesen Vergleich mit den verschiedenen Begabungen sehr gut, um zu erkennen, dass es im Spirituellen solche Ideale gibt, statt anzuerkennen: Jeder ist anders, und jeder erlebt auf seine Weise.

Ja, das mit den Autoritäten ist so eine Sache: »Oh, jemand anders hat das drauf. Das bedeutet, an meinem Erleben ist noch etwas unvollständig oder unrein.«

Und das geht immer so lange, bis man diesen Jemand kennenlernt und feststellt, dass der auch nicht immer glücklich ist. Für mich ist mit der Erleuchtung immer die

Vorstellung verbunden, man könnte einen Haken druntersetzen und das war's dann mit den unangenehmen Gefühlen und dem Leiden und allem, was man nicht haben will. Ich habe auch schon einige Leute auf ein Podest gestellt und dann festgestellt, dass die auch nur mit Wasser kochen und halt ihre Geschichten erzählen – nicht ausgedacht, aber aus ihrem Erleben heraus. Wenn ich das nicht zu meinem eigenen Erleben machen muss, dann kann ich mir das wunderbar anhören und mir denken: »Wow, was es alles gibt!« und dabei entspannt bleiben, weil ich nicht die Vorstellung habe, dass ich auch so sein müsste. Dann denke ich nicht, dass mir noch das und das passieren müsste, damit ich auch zu diesem erlauchten Kreis dazugehöre und vollkommen bin.

Ja, das ist der Versuch, Erleben aus zweiter Hand – das Erleben von jemand anderem – zum Erleben aus erster Hand zu machen. Im Nachhinein scheint es auch ganz hilfreich gewesen zu sein, darauf hingewiesen zu werden: Es gibt eine andere Art zu erleben, es gibt Ichlosigkeit. Dann kann es eine Phase geben, in der versucht wird, das zu erreichen, nachzuempfinden, nachzuahmen, auf eine bestimmte Art zu sein.

Wenn dieser Wunsch nach einem besonderen Erleben wegfällt, dann bleibt die Gegenwart als einzige Autorität – was das Leben viel leichter macht, weil alles schon so ist, wie es ist.

Die einzige Autorität

Wenn wir Bücher lesen, egal ob Tony Parsons oder den Koran, dann vermitteln sie Gedanken. Ein neuer Gedanke erscheint und man hat ein bestimmtes Gefühl zu ihm, zum Beispiel: »Da ist was dran!« Es ist immer nur ein Gedanke, und der Gedanke kann bestenfalls darauf hinweisen, was wir wirklich erleben. Denn es geht nicht darum, das Erleben von irgendeinem Autor nachzuahmen, sondern direkt zu schauen: Was ist da? Jeder von uns ist die einzige Autorität, die es fürs Erleben gibt. Und wenn ich zum Beispiel sage: »Alles taucht aus dem Nichts auf«, dann könnt ihr schauen: »Stimmt das denn, oder redet er Scheiß?« Das kommt übrigens oft vor; fragt meine Frau!

Er taucht aus dem Nichts auf und redet Scheiß.

Genau, so schaut's aus. Es gibt keine »andere« Autorität. Egal was irgendjemand sagt, Papaji oder Ramana oder Mohammed – bestenfalls ist das ein Anstoß, selber zu schauen: Wie ist es jetzt gerade? Direkt schauen können wir immer nur jetzt gerade. »Was ist es, das ich mit ›Ich‹ gemeint habe? Was ist es, das wiedergeboren werden könnte? Was ist das jetzt im Erleben? Oder ist da einfach Nichts, das als das hier auftaucht?«

Es taucht als Farbtöne auf, als Stimme und als Gefühl … und zu sagen: »Ich bin dies, aber nicht das« ist eine künstliche Unterscheidung – in meinem Erleben.

Aber du bist die einzige Autorität, der einzige Experte, jeder für sich … Ich bin nur eine Erscheinung in euch, die aus dem Nichts auftaucht, Scheiß redet und verschwindet.

»Der war nichts.«

Jetzt müssen wir Schluss machen, bevor es persönlich wird.

Ich hoffe, ich habe dich nicht verletzt?

Nein, du konntest nicht anders und mich gibt's gar nicht. Das letzte, was ich noch sagen möchte, ist, dass dieses Nichts etwas Universelles ist, etwas Gemeinsames. Es gibt nicht mehrere »Nichtse«. Selbst wenn es durch verschiedene Augen sieht, ist es dasselbe Nichts.

Daran hakt es bei mir noch immer. Ich denke immer: »Das ist mein *Nichts!« Und ich glaube, dein Nichts unterscheidet sich doch in einigem von meinem.*

Was für einen bestimmten Körper auftaucht, das unterscheidet sich.

Ja, die Wahrnehmungen unterscheiden sich. Mein Verstand ist anscheinend immer noch damit beschäftigt, das katalogisieren oder einordnen zu wollen. Aber alles, was er erfassen kann, ist die Wahrnehmung; das andere erfasst er ja nicht. Dann kommt der Punkt, wo klar ist: Da geht's verstandesmäßig nicht mehr weiter. Der Verstand hat aber noch nicht herausgefunden, wem er jetzt diese Aufgabe anvertrauen könnte, das herauszufinden. Deshalb ist es eine Art Patt-Situation. Der Verstand braucht ein Konzept für alles, auch fürs Nichts.

Das stimmt, nur irgendwann ist selbst dem Verstand klar, dass er in diesem »Bereich« einfach nichts finden kann und nichts finden wird. Mein Verstand kennt das aus vielen Bereichen: Mathe-Unterricht! Der Verstand akzeptiert: Das ist einfach nicht zu verstehen. Ich bin das gewohnt. Der Verstand hat Grenzen; er kann schon nicht verstehen, wie ein Apfel schmeckt. Das ist nicht sein Bereich. Er kann gut abstrahieren und Zusammenhänge zwischen seinen Abstraktionen herstellen. Das ist alles. Der allergrößte Teil des Erlebens liegt außerhalb seiner Reichweite. Wenn der Verstand das erkennt, dann kann er es akzeptieren.

[*Stille …*]

Tja, soweit alles klar …

… schauen wir mal, wie's draußen ist!

E-Mails

Wozu noch Coaching?

Sehr geehrter Herr Kruse,

mit Begeisterung habe ich Ihr Buch »Glück ohne Schmied« gelesen. Ja, was da steht, ist wahr, dies taucht auf. Dann gehe ich auf Ihre Webseite, was erfahre ich? Da werden die Schmiede wieder angesprochen, die etwas verändern können. Wie passt das für Sie zusammen?

Für eine Antwort bin ich dankbar, weil ich mich in dieser Zwickmühle befinde, da ich auch Kurse usw. anbiete mit der Ausrichtung »Dekonditionierung von Glaubenssätzen« – und gleichzeitig ist da niemand, der es tun soll.

Diese Frage bekomme ich in letzter Zeit natürlich öfters mal gestellt: »Wie passt das zusammen – einerseits geschieht alles von selbst, andererseits geht es um Veränderung durch Coaching?«

Veränderung geschieht, aber nicht durch einen Schmied. Ich sehe die Arbeit als Coach auch nicht anders als zum Beispiel die Arbeit eines Friseurs oder Zahnarztes oder Golflehrers. Wenn man eine andere Frisur möchte oder Zahnschmerzen hat oder sein Handicap verbessern möchte, dann geht man zu jemandem, der einem da helfen kann. Und wenn man unter bestimmten Gedanken leidet oder irgendetwas lernen möchte, dann geht man eben zum Coach oder Therapeuten.

Eine neue Frisur führt nicht zur »Erleuchtung«, sieht aber vielleicht besser aus. Das spielt keine Rolle und wird meiner Ansicht nach nur dann verwirrend, wenn man meint, man müsse an sich arbeiten, um das »Ich« loszuwerden oder so etwas. Meine Patienten kommen zum Beispiel mit Flugangst, und dann können sie entspannt fliegen (aber nur im Flugzeug). Sonst nichts.

Ein anderer Aspekt sind die »spirituell Suchenden« oder Menschen, die mit tiefenpsychologischen Theorien zu mir kommen: »Meine Mutter hat mich nicht geliebt«, »Irgendwie gönne ich mir den Erfolg nicht«, »Ich bin nicht in meiner Mitte«, »Ich will mehr ich selbst sein«, »Ich habe Minderwertigkeitsgefühle« und so weiter. Diese »tiefen« Themen lassen sich als »Mit mir stimmt etwas nicht« zusammenfassen, oder als »Ich kann mich nicht verwirklichen«. Und diese Gedanken sind auch kein Wunder: Die Patienten sind nicht das Konzept, für das sie sich halten, daher können sie sich nicht »verwirklichen«.

Da scheint mir, dass eine andere Sicht oder Einstellung sehr erleichternd wirken kann: Es sind halt alles Gedanken, die auftauchen und sich wieder verziehen. Na und? Das kann auch ohne »persönliche« Verwicklung geschehen, ohne Ernst und ohne Konsequenzen. Also kurz gesagt: Es kann enorm befreiend wirken, Gedanken als »nur Gedanken« zu erkennen, sie als Landkarte zu sehen, die nicht das Gebiet ist. Gerade dadurch scheint es oft nicht mehr nötig, dauernd am Relativen herumzudoktern.

Die Frisur verliert an Bedeutung, aber es spricht auch nichts dagegen, eine schöne Frisur zu haben (wenn man sich nicht gerade das Seelenheil von ihr erhofft). Und der Friseur (oder Coach) ist keine Person, sondern eine Erscheinung, eine Funktion oder eine Information, die auftaucht.

Das torlose Tor

Besten Dank für Ihre Nachricht! Kurz nachdem ich meine Mail an Sie sendete, habe ich mich noch ein wenig mit der Frage nach Relativität und dem Absoluten auseinandergesetzt. Mir kommt spontan der Begriff des »torlosen Tores« aus dem Zen in den Sinn. Hab ich es durchschritten und schaue zurück, sehe ich, dass da gar kein Tor ist. Aber solange ich nicht hindurchgegangen bin, gibt es eben ein Tor. Ich frage mich daher, ob es nicht legitim ist, dem Suchenden auf halbem Wege entgegenzukommen, im Wissen, das letztlich beide Perspektiven Annäherungen und Modelle einer umfassenden Wirklichkeit darstellen, die in Worten eh nicht ausgedrückt werden kann.

Ihre Beschreibung der Interventionen auf relativer Ebene haben mir diesbezüglich auch mehr Klarheit und Einfachheit gebracht. Besten Dank für diesen pragmatischen Ansatz!

Das mit dem »torlosen Tor« ist ein witziger Punkt. Es ist ja nicht nur so, dass da kein Tor ist (oder dass alles das Tor ist). Sondern es gibt auch niemanden, der es schießen – ich meine: hindurchgehen könnte oder müsste. Und diese Metapher vom Tor suggeriert: Du musst dich noch durchbewegen, das hier ist es noch nicht, es gibt noch etwas zu erkennen, zu erreichen, zu verstehen, zu tun.

Methoden und Techniken sind als Anti-Frustrations-Mittel natürlich heiß begehrt, aber sie unterstützen die Vorstellung, dass da wirklich ein »Suchender« ist (nicht nur ein Drang zu suchen), der nur ernsthafter oder weiser oder liebevoller suchen muss, dann … Insofern scheint mir das ein bisschen wie ein Hinhalten. Und wir kennen wahrscheinlich beide sehr viele Leute, die meinen, dass noch ein Weg vor ihnen liegt, dass sie noch nicht so weit sind …

Diese Illusion wird meiner Ansicht nach durch Empfehlungen bestärkt und gefördert: Fleißig studieren, hart an sich arbeiten (lassen), um auf dem Weg voranzukommen. Das kann trösten und motivieren, aber ein Weg bedeutet immer: Du bist noch nicht da. Das gibt dem »Ich« etwas zu tun – und hält die Illusion am Leben.

In unserer letzten Mail ging es ja auch um dieses Rumdoktern im Relativen, und ich meine: Alle Techniken, ob »spirituell« oder NLP, können im Relativen nützlich sein, aber fürs Absolute sind sie völlig egal: Sie können es nicht herbeiführen (denn es ist schon da); sie können es natürlich auch nicht verhindern. Aber wenn die Hoffnung auf Techniken gesetzt wird, dann wird übersehen, dass schon alles da ist. Und dann wird diese kleine Stimme ernst genommen, die sagt: »Das kann's aber nicht sein, das muss ganz anders aussehen« – statt dass sie als »nur so ein Gedanke« wahrgenommen wird.

Und nun?

Okay, da ist die Erkenntnis von »Ich bin nicht der Besitzer meiner Gedanken.« Ich kann wahrnehmen, dass sich dahinter etwas zeigt, was sehr vertraut ist und unveränderlich. Und nun?!

Im »Kurs in Wundern« wird gesagt, solange wir der Welt nicht vergeben haben, sind wir noch Gefangene dieser Welt. Denn erst dadurch löst sie sich auf und zeigt die Illusion. Wie siehst du das?

Und nun? Nichts! Bzw. alles!

Wenn Du erkennst, dass Du nicht der Besitzer Deiner Gedanken bist: Wo ist dann die Trennung zwischen »Dir« und »der Welt«? Was gibt es zu vergeben? Wer muss vergeben? Was muss anders werden? Was muss sich auflösen? Wer ist ein Gefangener? (Bin gespannt auf Deine Antworten!)

Dieses »Solange«, dieses »Erst muss noch« – das ist die ewige Baustelle, die unendliche Geschichte.

Ja, danke für deine Antwort, so ist es!

Der vermeintliche Besitzer der Gedanken hat sich wieder mal Gedanken gemacht. Dieses Haar in der Suppe suchte ich bisher überall und jetzt stelle ich fest: Es gibt gar keine Suppe.

Und was mache ich jetzt damit?

Dass kein Denker oder Macher oder Besitzer da ist, das sehe ich. Und was mache ich jetzt damit?

Das Interessante daran ist, dass man gar nichts damit machen kann. Diese Frage verknüpft Sie ja wieder mit einer Vorstellung, mit einem Selbstbild, das sich in Zukunft daran erinnert oder darauf achtet, dass es nicht existiert.

Es ist so, wie wenn ich Sie auf eine Blume aufmerksam mache: »Schauen Sie, da ist eine Blume!« – »Ja, und was mache ich jetzt damit?« – »Tja, nichts. Vielleicht gefällt sie Ihnen, sonst nichts.« Sie müssen die Blume nicht pflücken, sich nicht an sie erinnern, nicht jeden Tag zu ihr zurückkehren.

Aber ich kann mich entspannt zurücklehnen und die Dinge geschehen lassen.

Wenn es so läuft, dann ja. Aber vielleicht kommen wieder mal Gedanken, die wütend machen. Wenn dann die Erinnerung ans Zurücklehnen auftaucht, und das Wissen, dass alles von selbst geschieht, und dadurch die Wutgedanken nicht mehr so ernst genommen werden, und die Wut nicht so stark ist, dann klappt es vielleicht mit dem entspannt Zurücklehnen. Wenn die Wut aber überkocht und viel Raum einnimmt und die Erinnerung blass bleibt oder gar nicht kommt, dann wird es sich nicht gerade wie entspanntes Zurücklehnen anfühlen. Aber trotzdem wird das alles ganz von selbst geschehen.

* * *

Verpassen wir die Gegenwart?

Der Weg, der sich einem da öffnet, ist einerseits sehr schön, weil man richtig schön in das »Hier und Jetzt« eintaucht und mehr auf sein sinnliches Erleben achtet – auf der anderen Seite leider auch schmerzlich, da einem auffällt, wie oft man die Gegenwart verpasst.

Man kann es so beschreiben, dass man die Gegenwart verpasst, wenn man mit Gedanken-Inhalten beschäftigt ist. Man könnte aber auch sagen: In der Gegenwart sind halt jetzt Gedanken-Inhalte, und dass es »mehr« sinnliches Direkt-Erleben geben könnte oder sollte, ist auch nur ein Gedanke, nur eine Fiktion. Gegenwart ist, was geschieht. Und das schmerzliche Bemerken, wie oft Gedanken raumfüllend wirken, ist Gegenwart, und eine Rückorientierung zu den »äußeren« Sinnen.

* * *

Wie erlebt man ohne »Ich«?

Gestern saß ich im Kino und sah mir eine wunderbare Schnulze an. Dabei habe ich geweint und gelacht und war total gerührt. Wie erlebt man so etwas ohne »Ich«?

Erleben geschieht immer ohne »Ich«: Das »Ich« ist ja nur ein Gedanke, der einen Moment nach dem Erlebnis aufs Erleben draufgeklebt wird, und dem alles Mögliche zugeschrieben wird. Aber es ist und bleibt nur ein Gedanke, und Gedanken erleben nichts, sondern *werden* erlebt. Gedanken lachen nicht und weinen nicht und sind nicht gerührt. Und trotzdem ist alles da.

Vorlieben und Abneigungen

Können sich Vorlieben und Abneigungen noch halten, wenn das »Ich« wegfällt oder als Illusion erkannt wird?

Ja, ich esse lieber einen frischen Apfel als einen verfaulten.

Matrix

Vielen Dank für das Buch! Es hat das Potenzial, lebensverändernd zu wirken; ich habe es auch schon weiterempfohlen!

Und auch für die Kontrollfreaks unter uns (ich weiß gar nicht, wen ich meine :-)) hält es neue Wege bereit, was ich natürlich auch etwas beängstigend finde, denn wer gibt einfach so mal sein »Ich« auf? Abschnittsweise erinnern mich die »Theorien« an Matrix: »Versuch nicht, den Löffel zu verbiegen. Das wird nicht funktionieren, weil der Löffel nicht existiert.«

Ja, »Matrix« fand ich auch interessant; der Unterschied ist: In Matrix lebten reale Leute in einer irrealen Welt, aber Neo ist auch nicht realer als der Löffel, beides sind Bilder im selben Film (weshalb auch niemand da ist, der sein »Ich« aufgeben könnte oder sollte).

Hilfeleistung und Verantwortung

Wenn es niemanden gibt, wird dann Hilfeleistung nicht überflüssig? Was ist mit Verantwortung?

Es verschwindet ja niemand, der vorher da war; keine Person löst sich auf, sondern nur eine Vorannahme. Hilfsbereitschaft hängt nicht von Illusionen ab; Hilfe ist schon immer passiert.

Außerdem scheint mir nicht, dass der Glaube an ein eigenverantwortliches »Ich« die Welt vor Verbrechen geschützt hätte oder Hilfe besonders gefördert hätte. Einige Stichworte dazu: Rache, Ehrenmorde, Glaubenskriege … All das hat ohne »Ich« keinen Sinn. Helfen ist ein natürlicher Impuls, der von selbst auftaucht. Oder nicht.

Ein paar Fragen tauchen auf

Erst mal vielen Dank für Ihr sehr klares und buntes Buch! Trotzdem tauchten am Schluss wieder ein paar Fragen auf: Was ist Zweifel? Wie gehe ich mit Entscheidungen um, wenn das »Aha« bei mir noch nicht aufgetaucht ist? Kann die Astrologie den Lebensfilm zeigen?

Vielen Dank für Ihre Zeit und ein lieber Gruß!

Was ist Zweifel?

»Zweifel« würde ich so beschreiben: Ein Gedanke taucht auf, gemeinsam mit einem Gefühl der Unsicherheit; oder zwei Gedanken tauchen auf, die im Widerspruch zueinander stehen, also widersprüchliche Inhalte haben (im Unterschied zu »Gewissheit«, wo nur ein Gedanke auftaucht und ein Gefühl von Sicherheit mit sich bringt).

Zweifel sind eine natürliche Folge und Funktion des Denkens, das Dinge immer auch anders sehen kann und alles infrage stellen kann. Sicherheit fühlt sich »besser« an als Unsicherheit; daher sind Zweifel unbeliebt, und der Wunsch taucht auf, sie zu beseitigen.

Wenn Gewissheit im Denken gefordert wird (diese Forderung ist natürlich auch nur so ein Gedanke), dann äußert sich das meist in Dogmatismus und Fanatismus, im Unterdrücken anderer Sichtweisen – dabei liegt es ja (wie gesagt) in der Natur des Denkens, dass Dinge immer auch anders gesehen werden können! Zweifeln ist also nicht verkehrt, sondern eine Begleiterscheinung von Gedanken.

Wie gehe ich mit Entscheidungen um?

»Entscheidung« heißt in meinem Sprachgebrauch: Unterschiedliche Gedanken tauchen auf, von denen sich dann einer durchsetzt. Das geschieht immer (ob »Aha« oder nicht) völlig ohne Zutun einer Person (auch wenn das Wort »Ich« in den Gedanken vorkommt und eine fiktive Person in verschiedene zukünftige Szenarien hinein projiziert wird). Entscheidungen laufen also nach dem »Aha« genauso ab wie vorher: von selbst, verbunden mit Zweifeln – höchstens mit dem Unterschied, dass die Entscheidungen nicht so ernst erscheinen. Denn es wird gesehen, dass es nie einen »Entscheider« gab, der die Last der Verantwortung für die »richtige« Entscheidung zu tragen hätte. Das gibt Vertrauen, dass die »richtige« Entscheidung sich schon treffen wird.

Kann die Astrologie den Lebensfilm zeigen?

Lassen Sie uns mal schauen, was der Lebensfilm ist: einige Gedanken über die Vergangenheit, einige Schnappschüsse, die aneinandergereiht eine durchgehende Geschichte zu ergeben scheinen. In Gedanken stellt sich dieser Film schlüssig dar: »Und infolgedessen ist das passiert, und daraufhin ...«

Diese »schlüssigen Zusammenhänge« gibt es nur im Denken (wobei auch immer der Gedanke auftaucht, ob »die Entwicklung« nicht mit etwas ganz anderem zusammenhängt); diese ganze Geschichte, dieser Lebensfilm spielt sich nur in Gedanken ab.

Im direkten Erleben gibt es keine Vergangenheit, sondern nur Gegenwart. Insofern (auf gedanklicher »Ebene«) kann auch die Astrologie den Lebensfilm zeigen: Die Gedanken über die Planeten und ihre Bedeutung können genauso gut fiktive Zusammenhänge zeigen/erzeugen wie andere Gedanken auch. Ob »Weil mein Vater so streng war …«, »Weil ich etwas lernen sollte …«, »Weil ich in einem früheren Leben …«, »Meine genetische Disposition …« oder eben »Weil Jupiter im zwölften Haus steht …« – Gedanken fügen sich immer gut zusammen, um den fiktiven Lebensfilm zu erklären.

Praktisch ist, dabei im Blick zu behalten, dass es sich immer um eine fiktive Erklärung einer Fiktion handelt und dass das direkte Erleben (was Sie gerade erleben) nicht erklärt werden kann, sondern immer einzigartig, immer ein Wunder ist. Sie sind eben nicht der Lebensfilm, der nur in Gedanken auftaucht, sondern das direkte Erleben, unerklärbar, einzigartig, ein Wunder. Daher können Sie niemals »die« Erklärung für sich finden.

Unsere Verantwortung

Sie arbeiten ja auch als Therapeut. In mir schwelt schon länger die Frage, ob man nicht das Therapieziel »Freiheit von« zu einem »Leben in Freiheit« machen kann. Darf man am Punkt »gesund genug für die Gesellschaft« stehen bleiben? Eine Gesellschaft, die das Leben verkümmern lässt, auf Verdrängung, Angst und Gewalt fußt? Wenn man sich den Zustand der Welt und des Menschen generell anschaut und sich nicht der Gleichgültigkeit überlässt (sondern begreift, dass man ein Teil der Menschheit und des Lebens ist), muss man sich denn dann nicht fragen, ob es noch andere Wege gibt zu leben? Und sorgen wir und unsere neurotischen »Ich«-Konzepte nicht permanent dafür, dass alles so bleibt wie es ist? Ist es nicht unsere Verantwortung uns frei von der Trennung zu machen, um ein Leben in Schönheit und Würde nicht nur als Traum zu verfolgen, sondern tatsächlich wahr zu machen? Über eine Antwort würde ich mich sehr freuen.

Die Leute kommen oft zu mir in Therapie, um »Freiheit von …« (schlechten Angewohnheiten, quälenden Gedanken usw.) zu finden oder um etwas besser zu können (Lernen usw.). Das ist ja auch völlig legitim, so wie man halt auch zum Zahnarzt oder Fitnesstrainer geht, ohne dass der einem mehr als gesunde Zähne oder ein Fitness-Programm »verpassen« will.

Und manchmal (mit manchen Patienten) geht es darum, dass Freiheit viel mehr ist als Symptomfreiheit. Aber Leben in Freiheit, Leben als Freiheit bedeutet auch, dass alles frei auftaucht: Auch Verdrängung, Angst und Gewalt sind das Leben.

Diese Dinge lassen eher nach, wenn ihnen der »Ich«-Antrieb fehlt. Aber ein fiktives »Ich« als Verantwortlichen für sie auszumachen hieße, dieser Fiktion eine Macht zuzusprechen, die sie nicht hat. Es stimmt, dass Verdrängung, Angst und Gewalt oft aus Verwirrung entstehen, aus der Verwechslung mit dem Selbstbild. Nur ist all das eben auch das Leben, im freien Fall und in freier Entfaltung. Bewusstsein als Verwirrung. Der Gedanke »Es ist meine Verantwortung (mich von der Trennung frei zu machen)« ist der Treibstoff für die Illusion, es gäbe ein Wesen, das getrennt ist. Anders gesagt: Dieser Gedanke ist die Illusion. Und eng mit ihm verbunden ist der Gedanke: »Das hier kann es noch nicht sein, das ist mir nicht schön und würdevoll genug.«

Innerhalb der Ganzheit des Lebens in all seinen Erscheinungsformen tauchen solche Gedanken auf, und es taucht auch ein Streben nach Schönheit und Würde auf. Das ist aber unabhängig von der »Ich«-Vorstellung.

Zwei Figuren aus der »Geschichte«, die mir gerade einfallen: Che Guevara und Mutter Theresa. Bei beiden vermute ich eine relativ starke »Ich«-Überzeugung – und den Wunsch, dieses »Ich« in den Dienst einer größeren Sache zu stellen. Der Kampf für eine bessere Welt ist also nicht vom Erkennen der Ichlosigkeit abhängig. Und es gibt viele großartige Künstler, die sehr viel Schönheit in die Welt gebracht haben – und von ihrer Umgebung als selbstsüchtige, narzisstische Egozentriker beschrieben wurden (was dreimal dasselbe ist, ich wollte nur den Punkt verdeutlichen).

In gewisser Weise ist es also auch das Streben nach Freiheit vom »Ich« (wie jedes Streben nach etwas »anderem«), das den Blick auf die Schönheit verstellt, die schon da ist. Auch den Schmerz und die Hässlichkeit als Manifestation des Lebens zu sehen schließt ja Mitgefühl und Hilfsbereitschaft nicht aus, sondern fördert sie eher (nur dass es jetzt keinen »Schuldigen« mehr gibt). Nur das Sehen der Einheit, die allem zugrunde liegt (auch Scheiße ist »Es«), hebt den Anschein der Trennung auf. Das Leben tut sich weh, das Leben hilft sich.

Ich möchte nochmal auf den Begriff der Verantwortung eingehen: Sie haben sie als gedanklichen Prozess beschrieben, der aus der (Illusion der) Trennung hervorgeht: »Ich muss bewusst leben«, »Ich muss frei werden von Gewalt, Egoismus etc.« Diese Verantwortung ist also Teil des Komplexes, Teil des endlosen Werdenwollens.

Ich verstehe unter Verantwortung allerdings etwas anderes. Ich begreife Moral nicht als tradierte Werte und Normen, die man sich kognitiv aneignet oder intellektuell ableitet. Für mich ist sie Ergebnis aus der unmittelbaren Begegnung mit der Welt. Wenn ich nicht in erster Linie über das »Ich«-Konzept mit meiner Umwelt in Kontakt trete, sondern die Gedanken nur als einen (untergeordneten) Teil meiner Wahrnehmung betrachte, bin ich Teil des Geschehens um mich herum. Jemand wird gequält – ich fühle mit ihm. Ich fühle seinen Schmerz und handle unmittelbar, damit es aufhört. Ich bin nicht getrennt von seinem Leiden, und ich bin nicht getrennt von der Aggression des Quälers. Ich bin Teil von ihnen – und deshalb handle ich. Selbst das Ignorieren, das Wegsehen ist eine Handlung. Wir handeln so oder so – die Frage ist nur, ob aus der Situation heraus, von Mitgefühl geleitet, oder aber gedanklich verzerrt, von der Situation abstrahiert. Das meine ich mit Verantwortung.

Sind Nationen nicht Resultat des teilenden Denkens bzw. der Identifikation mit diesem? Eine Nationalität ist konstruiert, die Gemeinsamkeit wird durch die Abgrenzung nach außen definiert. Ich kann nur dann Deutscher sein, wenn es einen Franzosen gibt, der anders ist als ich und meine Landsleute. Das Deutsch-Sein wird zum Teil meines »Ich«-Konzepts. Ich fühle mich isoliert, ich habe Angst vor der Zukunft, ich finde in meinen Beziehungen keinen Halt, darum konstruiert sich eine Identifikation mit der Nation. Sie verströmt ein Gefühl der Sicherheit. Genau wie alle klaren Definitionen »meiner« Beziehungen, Gruppen, Werte und meines Lebenskonzepts. All das macht Identität mit demjenigen, der sich mit ihr identifiziert – durchaus unbewusst, passiv – es geschieht mit ihm.

So war es bei mir auch. Durch die Beschäftigung mit dem Konflikt zwischen der starren und begrenzten Identität und der unbegrenzten, im ständigen Wandel befindlichen Welt stieß ich schließlich auf die Erkenntnis, dass »ich« das Problem bin/ist. Und das veränderte die Art und Weise meines Erlebens. Auf einmal war da Schönheit und die Angst vor dem Unbekannten trat zurück. Die Schönheit musste nicht hergestellt werden, sie war bereits da. Jedoch konnte ich sie erst wahrnehmen, als die Gedankenmaschine als das erkannt wurde, was sie ist: ein Plappermaul, das die Stille übertönt. Es ist bereits alles da, das Wunder geschieht jeden Augenblick (ist das Leben letztlich nur ein einziger Augenblick?).

Früher war ich politisch sehr aktiv. Der Kampf wurde zur Identität, das Böse war rasch definiert, das Ziel bald formuliert. Heute erscheint mir vieles hysterisch und am Kern der Sache vorbei, doch der Gegenstand der Empörung ist geblieben: eine Menschheit, die es nicht begreift, dass die Trennung nicht besteht – und sich so das Leben im Paradies zur Hölle macht. Und wenn wir weiter so konsequent unsere Lebensgrundlage zerstören, hat sich das Kapitel Menschheit auch bald komplett erledigt.

Wir leben in einer unglaublich beschleunigten und rasanten Epoche. Allein der Klimawandel wird zur Bedrohung von Milliarden Menschen. Woher kommt die Gleichgültigkeit? Was ist ihr Ursprung? Warum scheint es niemanden zu interessieren, was mit unserem »Nächsten« passiert? Warum machen wir so weiter?

Letztes Jahr habe ich Auschwitz besucht. Der Holocaust ist tatsächlich passiert, ich war in den Baracken. Ich stand an derselben Stelle, an der Dr. Mengele lebenswertes von lebensunwertem Leben getrennt hat. Wie können Menschen derart abgeschnitten sein von ihrer Empathie? Worauf gründen solche Organisationen, solche Hierarchien, diese Machtapparate? Ist es der Gedanke, das Werdenwollen, die Identität? Ist der »Ich«-Gedanke so mächtig? Mein Ein-

druck ist: Ja, ist er. All das ist Realität. Und wir sind Teil dieser Realität. Wie kann es ein teilnehmendes, empathiefähiges Wesen kalt lassen? Warum reagieren wir nicht?

Warum sind Sie Therapeut geworden, warum schreiben Sie Bücher über die Enttarnung des »Ichs«? Sie möchten die Erkenntnis teilen, stellen Sie anderen Menschen zur Verfügung. Warum? Ist es ein rein theoretisches, wissenschaftliches Interesse, oder kann man damit gutes Geld verdienen? Ich formuliere absichtlich provokativ, ich würde gerne etwas von Ihrer Leidenschaft herauskitzeln :)

Tatsächlich laufe ich mit offenen Augen und Ohren und einem wachen Geist durch diese Welt, und wenig gibt mir Grund zum Optimismus. Ich bin betroffen, da ich nicht zu trennen bin vom Rest. Und das menschliche Leid ist bodenlos, es ist überall, man kann es spüren. Genauso die Antriebslosigkeit, die Taubheit der Menschen für dieses Leid. Es macht mich betroffen, und es entzündet eine Flamme, die sich dagegen auflehnt. Ich betrachte das Ganze und stelle fest, dass nicht die Weisheit, nicht die Vernunft regiert, sondern die schlimmsten Egomanen. Wo sind diejenigen, die dem etwas entgegensetzen? Nicht in der Manier eines Che, nicht als Aggressor. Sondern in der Zuwendung, in dem Angebot: »Komm, ich zeige Dir etwas!« Es gibt zu wenige dieser Menschen.

Und wie erziehen wir unsere Kinder? Wenn ich mich umsehe, überkommt mich ein eisiges Grausen …

Auch mir scheint, dass Hilfsbereitschaft und Mitgefühl im Menschen »eingebaut« sind und dass entsprechendes

Handeln ein natürlicher Impuls ist, der von Trennungs-Gedanken überlagert werden kann. Gleichzeitig können solche Gedanken aber auch zu mehr Hilfsbereitschaft führen, eben aus dem Wunsch heraus, das Gefühl von Isolation zu überwinden, indem man sich in den Dienst des »Nächsten« oder des »größeren Ganzen« stellt (wie Mutter Theresa).

Das Thema »Gewaltlosigkeit« erinnert mich an die Gewissensprüfung für Wehrdienstverweigerer: »Stellen Sie sich vor, ein bewaffneter Terrorist (zu meiner Zeit war's noch ein Russe) will einen Kindergarten stürmen, um alle Kinder zu töten – und Sie haben eine Waffe, mit der Sie ihn erschießen könnten, um dreißig unschuldige Kinder zu retten. Würden Sie schießen?« Das ist schwierig zu beantworten (vor allem, wenn man die Prüfung bestehen will); der nächste Schritt wäre: »Hätten Sie Hitler getötet, wenn Sie Gelegenheit dazu gehabt hätten?« – und schon sind wir bei Che Guevara …

Wenn ich Sie richtig verstehe, meinen Sie, dass die Erkenntnis der Ichlosigkeit auch zu einem politischen/sozialen Handeln führen muss. Ich würde sagen: kann, muss aber nicht. Es kann auch ein ganz »gewöhnliches«, völlig unauffälliges Leben sein, mit Bürojob und Feierabend vor dem Fernseher, ohne jeden Drang, den Leuten etwas zu zeigen …

»Gleichgültigkeit« kann eben auch bedeuten: Alles ist gleich gültig, was auch geschieht. Nichts muss sich ändern, denn es gibt kein »Ich«, das von der Wirklichkeit getrennt wäre.

Ich habe großen Respekt vor sozial engagierten Menschen, Umweltschützern, Entwicklungshelfern. Mir scheint nur nicht, dass diese Impulse (oder Empfindungsfähigkeit an sich) so viel mit der Erkenntnis der Ichlosigkeit zu tun haben: Ich kenne »Leute«, die deutlich hilfsbereiter sind als ich – und ziemlich überzeugt sind von ihrer getrennten Existenz …

Was ich mit »Ichlosigkeit« meine, ist etwas anderes als »Wir sitzen alle in einem Boot.« Diese »Boot«-Einstellung würde ich das Verständnis systemischer Zusammenhänge nennen, oder das Erleben von Verbundenheit, etwa so, wie es Francisco Varela in seinen letzten Texten beschrieben hat, oder Peter Senge in »Presence« oder Claus-Otto Scharmer in »Theory U«: ein kleines »Ich«, das bedingt durch seine Umwelt und vernetzt mit allen anderen Wesen ist und ein Kanal für das Ganze werden kann. Was ich aber mit »Ichlosigkeit« meine, ist nicht »Wir sitzen alle im selben Boot«, sondern »Niemand sitzt im Boot.« Es ist nicht der Gedanke »Ich bin Teil eines größeren Ganzen«, sondern »Es gibt keinen Teil, nur das Ganze.«

Die Schönheit, von der Sie schreiben: »Sie ist bereits da, sie muss nicht hergestellt werden …« – ist da, egal als was sie erscheint. Sie ist das Ganze. Sie ist ebenso in dem Gedanken »Ich bin ein getrenntes Wesen, das sich abstrampeln muss« wie in dem Gedanken »Wir sind alle eins, hoffentlich erkennen das alle« und dem Gedanken »Wir müssen die Welt retten.« Es scheint ziemlich dringend und auch wirklich sinnvoll, etwas zu tun, zum Beispiel für die Umwelt oder gegen die Überbevölkerung, nur ist das alles im Spiel der Erscheinungen beheimatet, und die grundlegende Schönheit – oder der Friede, in dem alles auftaucht – ist nicht gefährdet.

Noch was zum Thema »Warum sind Sie Therapeut geworden, warum schreiben Sie Bücher?« – Ich kann nur sagen: Ich weiß es nicht. Ich kann verschiedene Theorien dazu anbieten, von »Ich kann's halt« über »Es macht mir Spaß« zu »Es wollte raus«, aber eigentlich ist es halt einfach so gekommen. Ich freue mich, wenn Patienten »Einsichten« haben, aber es ist genauso in Ordnung, wenn sie einfach nur mit dem Rauchen aufhören oder ihre Wohnung in Ordnung halten können. Was mir wirklich heilsam erscheint, ist, dass ich mit dem Patienten das Spiel der (widersprüchlichen) Gedanken und Gefühle betrachte und es vielleicht spürbar wird, dass niemand darin verwickelt ist und niemand etwas falsch macht, sondern dass sich das alles von selbst abspielt. In dieser Klarheit entwirren sich die Gedanken und sortieren sich von selbst; vor allem verlieren sie ihren Wahrheitsanspruch, ihre Bedeutsamkeit, ihren Ernst. Das ist schön zu sehen, aber es hat nichts mit Sendungsbewusstsein zu tun. (Ich würde sagen, dass ich früher, als ich an »mich« geglaubt habe, deutlich mehr missionarischen Eifer hatte.)

Das Ego kämpft

Vielen Dank für Ihre Geduld und Nachsicht mit einem jungen Heißsporn! :-)

Ich versuche nachzuvollziehen, was Sie mir sagen wollen und es scheint auch ziemlich viel Sinn zu machen. Diese Gedanken überhaupt erst mal annehmen zu können ist für mich ein unheimlich schwieriger Prozess, da einige Thesen sofort sämtliche Widerstände in mir auslösen, die sich über die Jahre dort aufgebaut haben. Und es sind genau diese Widerstände, die das Gefühl des Getrenntseins festigen und andauern lassen. Sie sind Teil des Egos, das sich eine andere Welt wünscht, eine Welt, in der ich mich endlich wieder zu Hause fühlen darf.

Doch habe ich das Gefühl, dass dieses Ego auch in der perfekten Welt (bzw. Gesellschaft) nicht aufhören würde zu kämpfen und zu zappeln. Ich habe einige Moralvorstellungen so tief verinnerlicht, dass ich gar nicht mehr ohne sie die Welt wahrnehmen kann. Immer denke ich Auschwitz mit, und immer ist da dieses Feuer der Nichtakzeptanz mit dem Gedanken an den nicht endenden Holocaust verbunden. Es scheint ein nicht aufhebbares Paradoxon zu sein: Nur durch Nichthandeln wird sich Frieden einstellen können in meinem Leben. Nur wenn ich endlich aufhöre, in einem nie endenden Krieg das Böse bekämpfen zu wollen, wird die Wut verschwinden oder sich in positive (spielerische, kreative?) Energie verwandeln. Nur ist das so schwer zu akzeptieren, da sich meine ganze Existenz bzw. Identität darauf aufbaut. Das ganze schöne Selbstbild des moralischen Einzelkämpfers steht auf dem Spiel, und da konnte ich mich immer so schön dran festhalten …

Kennen Sie das System des Enneagramms? Es beschreibt neun verschiedene Persönlichkeitstypen mit ihren jeweiligen

Konflikten und Potenzialen. Ich zähle mich zum Enneagramm-Typ 1. Heute las ich in einem Buch über »meinen« Typ und es war wie in den Spiegel zu blicken. Unfassbar. Absolut entwaffnend und gleichzeitig ermutigend. Es schlägt in genau die gleiche Kerbe wie Sie es tun, und anscheinend ist das genau der wunde Punkt. Vielleicht ist es an der Zeit, ein Bild sterben zu lassen.

Ich danke Ihnen für Ihre Worte.

Klar, das »Ich« fühlt sich nicht zu Hause in der Welt. Vielleicht können Sie aber sehen, dass die Welt in Ihnen zu Hause ist. Am Kämpfen ist nichts verkehrt (auch wenn Entspannung sich vielleicht besser anfühlt). Das ist eine Aktivität in der Welt, eine Funktion, die ausgeführt wird; das ist, was das Leben tut (in Gestalt von Aktivisten und manchmal in Gestalt von Ihnen).

Engagement ist Teil des Lebens (Passivität auch). Frieden stellt sich nicht durch Nichthandeln ein; es geht nicht um Tun oder Lassen. Vielleicht wird der Frieden – der Sie sind – leichter sichtbar/spürbar, wenn Wut und Nichtakzeptanz und der ganze Aufruhr nicht mehr als persönliche Fehler, sondern als Teil des Geschehens gesehen werden. Es gibt keine Trennung zwischen Wut und Welt und Ihnen.

Ja, das Enneagramm kenne ich, ich habe ca. 1985 auch mal einen 2-Wochen-Intensivkurs dazu besucht. Es kann Spaß machen (oder erschrecken), Fixierungen zu analysieren und einzuordnen. Nur kann das auch den Glauben daran stärken, dass es »Ihre eigenen« Fixierungen sind, und daran, dass diese Fixierungen verschwinden müssten,

»bevor« … Vielleicht kann das Enneagramm aber auch Mechanismen aufzeigen – und per Definition läuft ein Mechanismus ja mechanisch ab, automatisch, ohne jemanden, der etwas tut. Wenn gesehen wird, dass es nichts Persönliches ist, dann haben solche Muster ja etwas Witziges; Karikaturen, Parodien und so weiter beruhen ja auf diesen »Eigenheiten«.

Das Gemeinsame an allen »Persönlichkeitstypen« ist die Vorstellung »Etwas stimmt nicht« (mit »mir«, »den anderen« oder »der Welt«). Zuerst hatten Sie den Gedanken »Die Welt muss sich ändern«, jetzt ist es der Gedanke »Ich muss mich ändern« (Loslassen, Akzeptieren, Aufhören, Erkennen, …). Aber an Ihnen ist nichts verkehrt.

Alle Reaktionsweisen sind Erscheinungsformen des Lebens – inklusive Akzeptieren und Nicht-Akzeptieren. Der Gedanke »Ich muss x ändern« ist es, der die »Ich«-Vorstellung am Leben erhält, indem er dem »Ich« eine Zukunft verspricht, in der es besser wird, und dem »Ich« die Macht zuspricht, sich selbst zu ändern – zum Beispiel sich selbst aufzulösen. (Schon mal vorbeugend: Auch der Gedanke »Ich muss aufhören, mich ändern zu wollen« ist »Es«.)

Ein Mechanismus, der oft auftritt, ist: Wenn das »Ich« transparenter wird, dann gibt es Alarm. Viele Knöpfe werden gedrückt, viele Muster berührt. Dieser Aufruhr wird leicht als »Etwas stimmt nicht« interpretiert, und das Denken tut das, worin es Profi ist: Es sucht den Fehler. Dabei ist der Aufruhr nur eine Begleiterscheinung dessen, dass der »Ich«-Glaube ins Wanken gerät – diese Unsicherheit, die da aufkommt, fühlt sich wohl nicht gerade wie

Frieden an. Aber das alles ist völlig in Ordnung, der natürliche Lauf der Dinge.

Was Sie wissen, ist, dass Sie kein Mechanismus sind, keine Person, kein »Ich« – sondern das Zuhause für alles, was auftaucht. Wenn der Versuch auftaucht, etwas zu ändern, dann sind Sie das Zuhause für den Versuch, etwas zu ändern. Das ändert sich nie.

Ichlosigkeit als »Ich«-Konzept

Die Gedanken sind ja auch nicht doof – auch die Überführung des »Ichs« können sie sich zur Theorie machen, zur Brille, durch die man dann schaut. Das »Ich« verurteilt das »Ich« – und sorgt so für seinen Fortbestand. Es macht die Ichlosigkeit sozusagen zum »Ich«-Konzept.

Es würde mich interessieren, was Sie dazu sagen.

Genau, das beschreiben Sie sehr treffend! Das Ichlosigkeits-Konzept ist auch nur ein Konzept, so wie das »Ich«. (Bei genauer Betrachtung sind es sogar sehr ähnliche Konzepte!) Nur *besteht* das »Ich« einzig und allein aus dem »Ich«-Konzept, aber die Ichlosigkeit ist immer Tatsache, völlig unabhängig davon, ob es ein Konzept darüber gibt oder nicht. Sich zu bemühen, dem Ichlos-Konzept zu entsprechen, ihm entsprechend »korrekt« zu erleben und zu handeln: Das ist nur wieder das »Ich«-Konzept, getarnt als Ichlosigkeits-Konzept.

Gelingt es Ihnen, immer bewusst zu sein?

Lieber Dittmar Kruse,

soeben habe ich Ihr Buch »Glück ohne Schmied« zu Ende gelesen. Auf der letzten Seite bitten Sie den Leser um Feedback, und das gebe ich Ihnen gerne.

Zunächst einmal muss ich sagen, dass ich mich momentan sehr entspannt und »im Reinen« mit der Welt fühle. Das Leben ist da, bleibt da und »ich« darf daran teilnehmen. Was für ein Wunder das doch ist!

Ich fand die Lektüre Ihres Buches wirklich sehr erhellend. Wie schön zu sehen, dass die wirklich wichtigen Dinge keiner großen Worte bedürfen, keiner ausschweifenden, schwer verständlichen Fachsprache, die den Autor als klugen Kopf darstellen soll. Toll auch, wenn man die Worte als das annehmen kann, was sie sind: abstrakte Übereinkünfte, die im besten Fall ein Fingerzeig sind auf das, was schon da ist. Schön, wenn das, was ich schreibe, auch in diesem Sinne angenommen wird und nicht automatisch zu einem starren Bild führt.

Die letzten anderthalb Jahre habe ich mich sehr intensiv mit Jiddu Krishnamurti auseinandergesetzt, und auch da gab es ähnliche Aha-Erlebnisse: Das Wort ist nicht der Gegenstand, der Gedanke erzeugt die Illusion des »Ichs«, und auch die Zerstückelung von Raum und Zeit. Doch das theoretische Wissen ist noch nicht die Lösung. Die Fähigkeit, auf das Konstrukt des »Ichs« zu verzichten, geht weit über die Theorie hinaus.

Wie schwer fällt es mir, aus alten Mustern und Verkrustungen herauszukommen, wenn ich im »gewohnten Umfeld« unterwegs bin, das sich schon ein Bild von mir gemacht hat und über dieses mit mir in Kontakt tritt! Die Falle, sich mit den Erwartungen, Angriffen oder Projektionen zu identifizieren, wartet ständig darauf, zuschnappen zu können. Gerade wenn ich müde oder unausgelastet bin, oder schlecht geschlafen habe, passiert es nur allzu leicht, sich gegen das, was ist, zur Wehr zu setzen – und dabei nur Unheil anzurichten.

Oft suche ich das Alleinsein bei langen Spaziergängen durch den Wald und das Tal – dort kann ich ohne Erwartungen in dem, was ist, einfach nur sein. Gelingt es Ihnen denn, immer so bewusst und wach zu sein?

Ganz grundsätzlich möchte ich zuerst mal sagen: Es gibt kein »Ich«, egal ob ans »Ich« geglaubt wird oder nicht.
Auch wenn sich die »Muster und Verkrustungen« zu einem Bild zusammenfassen lassen, das dann »das Ich« genannt werden kann, bleibt das trotzdem eine Abstraktion: ein Bild, kein Wesen, nichts Reales.

»Die Falle, sich mit den Erwartungen, Angriffen oder Projektionen zu identifizieren« besteht auf beide Arten: dem Bild, das sich die Umwelt von »mir« gemacht hat, und dem Bild, das »ich mir« von der Ichlosigkeit gemacht habe – den Erwartungen an die Ichlosigkeit: »Wenn ich kein ›Ich‹ hätte, dann gäbe es keine alten Muster und Verkrustungen, und ich würde mich nicht zur Wehr setzen.«

Ichlosigkeit ist nicht Heiligkeit, nicht die Abwesenheit von Mustern und Reaktionen. Was vielleicht sichtbar wird, ist, dass Muster und Reaktionen ganz von selbst ablaufen, ohne jemanden, der sie wählt oder einsetzt. So ist das, ob nun ein »Ich« auf diese Muster projiziert wird oder nicht. Die »Ich«-Vorstellung besteht ja aus Verbesserungsvorschlägen und ist der Wunsch, »besser, weiter, liebevoller, sanfter, bewusster …« zu werden.

Gelingt es mir, immer bewusst und wach zu sein?

Es gibt niemanden, dem das gelingen könnte, sondern da ist immer Bewusstsein, immer Wachheit. Bewusstsein in Gestalt eines Waldes, Bewusstsein in Gestalt von Gedanken … Alles, was Sie gerade erleben, ist Bewusstsein als … (Buchstaben, Monitor, Blinzeln, Atem …) Alles, was Sie sind, ist Bewusstsein. Damit ein Muster (oder sonst etwas) auftauchen kann, muss Wachheit da sein. Bewusstsein als Muster, Bewusstsein über das Muster, Bewusstsein als der Gedanke »Dieses blöde Muster!« Die Verteidigungsmechanismen lassen natürlich (meistens) nach, wenn gesehen wird, dass nichts angegriffen wird, also auch nichts verteidigt, nichts erreicht oder aufrechterhalten werden muss. Aber wie Sie sagen: »Das Leben ist da, bleibt da« – völlig unabhängig davon, ob ein Mechanismus auftritt oder nicht. Das ist das Leben auch als Mechanismus, unbeeinträchtigt von seinen eigenen Erscheinungsformen.

Wissenschaftlich

Intuitiv fühle ich (oder sehe ich), dass wahr ist, was in »Glück ohne Schmied« steht. Aber ist es auch wissenschaftlich haltbar?

Die Frage von »Glück ohne Schmied« ist die Grundfrage der Phänomenologie: Was wird unmittelbar, ohne Theorien und Vorannahmen erlebt? Dieser Ansatz gewinnt (nicht nur) in der Bewusstseinsforschung zunehmend an Bedeutung. Und schon seit dem 19. Jahrhundert gibt es ein eng verwandtes Grundprinzip aller wissenschaftlichen Methodik, nämlich »Ockhams Rasiermesser«, das besagt: Die Erklärung, die am wenigsten Vorannahmen verwendet, ist die beste. Daher beschäftigt sich die Wissenschaft zum Beispiel nicht mehr mit Dämonen – weil sie ihre Existenz nicht mehr voraussetzt. Ein Ziel der Wissenschaft ist es, Theorien von unnötigen Vorannahmen und Vorurteilen zu bereinigen und »Phänomene« mit einem unvoreingenommenen Blick zu betrachten. In diesem Sinne ist die Untersuchung des (normalerweise vorausgesetzten) »Ichs« wissenschaftlich. Und im Sinne von Ockham stellt sich die Frage, ob das »Ich« als Erklärungsmodell wirklich nötig ist: Was kann ohne die Annahme eines »Ichs« nicht beschrieben oder erklärt werden? Was funktioniert nicht ohne »Ich«?

Ist ein energetischer Shift notwendig?

Hallo lieber Herr Kruse, ein wunderbares Buch!

Ich kann sehen, dass »ich« nur ein Konzept ist. Jedoch ist das Gefühl so stark in den Zellen gespeichert, ein »Ich« zu sein oder zu haben. Auch Tony Parsons sagt hierzu, dass alle Konzepte oder Thesen darüber nicht hilfreich sind.

Mich interessiert Ihre Meinung zum Körper bzw. Körpergefühl. Ich weiß, dass daran nichts falsch ist; jedoch denke ich, dass es einen energetischen Shift geben muss, damit die Körperidentifikation abfällt und klar gesehen werden kann, dass NIEMAND zuhause ist. Vielleicht haben Sie ja mal Gelegenheit, hierzu Stellung zu nehmen.

Lieben Dank und schönen Tag!

Freut mich, dass Ihnen das Buch so gut gefällt; vielen Dank auch für die interessante Frage!

Ja, ein Ichlosigkeits-Konzept auf das »Ich«-Konzept drauf zu schichten ist nicht hilfreich. Also schauen wir mal, ob wir ohne Konzepte auskommen können, und schauen, was wir wirklich erleben, ganz direkt. Das heißt, wir verzichten gleich mal auf das Konzept von Zellen, in denen etwas gespeichert ist – wir erleben ja keine Zellen und auch nichts Gespeichertes.

Was wir erleben sind Sinneseindrücke: Buchstaben, Licht, Farben, Klänge, Gefühle … Zum Beispiel die Berührung der Tastatur oder das Gewicht auf dem Stuhl – und die sogenannten inneren Gefühle: hier ein Ziehen, da ein Drücken, dort ein Pulsieren, Wärme, Strömen …

All das ist Energie in verschiedenen Erscheinungsformen, die sich ständig verändern und verwandeln: permanente energetische Shifts. Der Energiefluss ist konstant; die Sinneseindrücke, als die er sich manifestiert, shiften unaufhörlich. Was in dem Ganzen könnten wir jetzt »Ich« nennen – unter Ausschluss von etwas anderem? Was könnten wir da herausgreifen, isolieren, abstrahieren, als etwas Konstantes betrachten? All diese Empfindungen, die Sinneseindrücke sind auch ohne ein »Ich« da; nichts davon würde ohne ein »Ich« verschwinden. Was also soll verschwinden?

Schauen wir mal die »Körperidentifikation« an: Ein Körper braucht zum Überleben und zur Orientierung in der Welt einen Sinn für Lokalisierung. Er muss wissen, in welchen Mund er das Essen schiebt; er muss dem Auto, das auf ihn zukommt, ausweichen (statt zu sagen: »Auto, Körper … ist doch eh alles eins, aua!«). Die Lokalisierung bleibt also auch ohne »Ich«. Und auch das soziale »Ich«, die soziale Rolle muss bleiben: »Wer hatte den Kaffee bestellt?« – »Ich.« (Sonst kommt man ja nie an seinen Kaffee!)

Jetzt zum »Körpergefühl«: In gewissem Sinne ist ja alles Erleben körperlich; das Fühlen von Wind auf der Haut unterscheidet sich nicht wesentlich vom Hören des Windes, vom Anblick der Wolken und vom Duft der Frühlingsluft (kleine poetische Einlage). Nichts an diesen Empfindungen ist vom Wesen her anders als das Gefühl von Freude über den Frühling, von Wehmut beim Gedanken an Schatzi, mit dem man im letzten Frühjahr noch zusammen war, und als das Gefühl von Hunger.

Sie schreiben: »Ich kann sehen, dass ›Ich‹ nur ein Konzept ist.« Wie sehen Sie das, woran sehen Sie das? Meinen Sie damit, dass sie das intellektuell verstehen, oder meinen Sie ein Sehen unabhängig vom Denken? Ich vermute, Sie kennen (zum Beispiel in einem Satsang oder im intensiven Zusammensein oder in der Natur oder einfach so) dieses Empfinden von Unendlichkeit, von Weite, Tiefe, Stille, Frieden, Liebe. Diese ganz unmittelbare Präsenz, die ohne Konzepte sieht und in der das »Ich«-Konzept belanglos ist. Wenn das Denken mal aussetzt (oder nicht geglaubt wird), dann wird sofort dieser eine Urgrund spürbar, in und auf dem sich alles Erleben abspielt. (Sagen wir mal, das ist der energetische Shift, über den Sie geschrieben haben.) Ja, im Erleben von Weite, Tiefe, Stille, Frieden und Liebe ist es leicht zu sehen, dass da kein »Ich« ist.

Aber wie ist das im Erleben von Enge, Flachheit, Lärm, Stress und Ärger? Diese Gefühle tauchen ja auch ohne »Ich« mal auf; das Leben wird ja kein Spaziergang auf rosa Wölkchen, nur weil eine Illusion durchschaut wird. Wenn aber die »Ich«-Illusion durchschaut wird, dann werden die Gefühle nicht mehr auf ein imaginäres Zentrum bezogen, für das sie eine besondere Bedeutung hätten. Sie sagen nichts mehr über »mich« aus.

Solange das »Ich«-Konzept – die Vorstellung eines isolierten, eigenmächtigen Zentrums – geglaubt wird, hat es auch »energetische Auswirkungen«: Das »Ich« ist ja nicht nur ein Selbstbild – das ist nur der visuelle und eher kognitive Aspekt. Im Gefühlsbereich manifestiert sich der »Ich«-Gedanke mehr wie ein Greifreflex, als die fast ständige Bereitschaft einzugreifen, etwas herauszugreifen, etwas zu begreifen und festzuhalten. Dieser imaginäre Abstand, der zum Erleben gehalten wird, diese Bereitschaft zu handeln, etwas mit dem Erleben zu machen, um es zu verbessern, ist eher spürbar als sichtbar, eher ein Gefühl als ein Bild, kein einzelner Gedanke, sondern eine Grundhaltung.

Wenn das Erleben auf ein »Ich«-Zentrum bezogen wird (das ja eigentlich nur eine imaginäre Instanz, eine imaginäre Distanz zum Erleben ist), dann erweckt das den Anschein einer Spaltung zwischen »Innen« und »Außen«. Im »Innen« entsteht ein Gefühl von Unvollständigkeit, Unvollkommenheit, Unzulänglichkeit – und Vorstellungen darüber, was sich ändern müsste, damit »ich« vollkommen werde. (Wenn erkannt wird, wie viel Anspannung, Mühe und Ernst diese Haltung mit sich bringt, dann taucht derselbe Impuls gerne in Form des Plans auf, das Nichtgreifen festzuhalten, sich am Loslassen festzuhalten, sich daran zu halten – und das »Ich« zieht spirituelle Kleider an.)

Wenn der »Ich«-Gedanke durchschaut wird, dann wird sichtbar, dass er nie ein wirklicher Bezugspunkt, sondern immer nur eine Vorstellung gewesen ist, die mit einem Gefühl von Zusammenziehen und Anspannung einherging. Dann muss auch diese Anspannung nicht verschwinden – sie ist nur einfach kein schlechtes Zeichen mehr, kein Symptom, keine Aussage über »mich«, sondern dasselbe Erleben wie Licht, rosa Wölkchen und Hunger. Und in dieser Erlaubnis und Gleich-Gültigkeit löst sich die Anspannung ganz natürlich auf, sie entspannt sich, weil sie da sein darf.

Diese Art, über die Ichlosigkeit in Begriffen von »Vorher und Nachher« zu reden, kann auch leicht zu Verwirrung und Missverständnissen führen: Der Punkt ist ja, dass es schon jetzt kein »Ich« gibt, sondern »schlimmstenfalls« ein Konzept, das geglaubt wird.

Nichts ist für die Wirklichkeit nötig, um die Wirklichkeit zu sein. Wann immer eine Veränderung, eine Entwicklung, eine Richtung beschrieben oder empfohlen wird, ist es etwas anderes als das, wovon ich rede. Jedes Ablegen oder Annehmen, jedes »vom Dings zum Bums« setzt voraus, dass es das hier noch nicht ist und dass noch etwas geschehen muss, eine Bedingung erfüllt werden muss, etwas erkannt werden muss, bevor ... Aber es gibt keinen Weg zur Gegenwart. Ichlosigkeit ist Gegenwart.

Wo bleibt die Freude?

Hallo Herr Kruse,

ich habe in den letzten Tagen Ihr Buch gelesen. Das war seit längerer Zeit wieder das erste Buch zu dem Thema der »Ichlosigkeit«, das ich in den Händen hielt. Ich las es in erster Linie nicht, um ein Verständnis für das besagte Gebiet zu gewinnen oder zu vertiefen, sondern weil ich Ihre Art sich mitzuteilen als sehr zugänglich empfinde. In letzter Zeit wächst bei mir das Verlangen danach, sich mit irgendjemandem darüber austauschen zu können, der »sieht« (oder wie auch immer man es bezeichnen mag).

Natürlich kann ich nicht wissen, ob Sie irgendein Interesse oder eine Verwendung für meine Mail finden werden. Trotzdem möchte ich mich zum ersten Mal einem anderen Menschen gegenüber darüber mitteilen. Ich habe noch nie einen Dialog mit irgendjemandem zu dem Thema der »Ichlosigkeit« geführt.

Ich gehe nun zu meiner Geschichte über und schreibe so knapp wie möglich einige Geschehnisse auf. Vor einigen Jahren setzte bei mir der Prozess der Suche ein. An diesem Punkt befand ich mich in einer sehr schwierigen und verworrenen Lebenssituation. Ängste, Panik-Attacken und Depressionen gehörten damals zur normalen Tagesordnung. Die Suche nach sich selbst, nach der Wahrheit oder der Realität (es gibt ja viele Bezeichnungen dafür), versprach am Anfang ein Licht am Horizont und eine Trophäe in Gestalt der Harmonie und der inneren Ausgeglichenheit. Im Verlauf der weiteren Zeit stellte sich Ernüchterung ein und es wurde immer deutlicher, dass diese Suche wenig mit Glückseligkeit und Zufriedenheit zu tun hatte. Das Leben wurde noch grausamer und ging mit immer zunehmender Brutalität einher.

Diese Suche verfluchte ich mit zunehmendem Verlauf, und sie erschien mir fast wie eine Art Strafe und lästige Erscheinung, die ich nicht mehr loswerden konnte. Ich wusste, dass es kein Zurück mehr gab und ich unweigerlich auf irgendetwas zusteuerte. Was es war, wusste ich damals nur in theoretischen Vorstellungen, die ich aus vielen Büchern zu diesem Thema ableiten konnte. Wie schon erwähnt, traf ich nie auf irgendjemanden, der darüber sprach. Ich verbrachte weder Zeit mit echten oder kuriosen Meistern wie Gurus, noch praktizierte ich Yoga oder ähnliche Dinge. Während der gesamten Suche hatte ich nur Bücher zur Verfügung. Die Autoren dieser Bücher waren fast alle (wie soll ich es ausdrücken) echte Findende (viele von ihnen haben Sie in Ihrer Bücher-Empfehlungsliste aufgezählt). Wahrscheinlich ließ diese Tatsache meine Suche sich zeitlich nicht in mehrere Jahrzehnte ausweiten.

Im Dezember 2007 kam es zu dem Punkt, als plötzlich das »Ich«, die Person oder der Verstand (wie auch immer es bezeichnet wird), vollständig verschwand, anscheinend ganz ohne mein Zutun (so wird es ja auch oft beschrieben). Zeitlich betrachtet war dieser Moment eher flüchtig. Die Auswirkungen danach jedoch gravierend. Detaillierte Beschreibungen zu den ganzen Auswirkungen werde ich jetzt überspringen.

Worauf ich insbesondere eingehen möchte, ist (dies war übrigens der ausschlaggebende Grund, warum ich Ihnen schreibe), dass die so oft beschriebenen Nebeneffekte, die mit dem »Erwachen« einhergehen, wie: grenzenlose Freude, Glückszustände, Entzücken oder Ähnliches in meinem Fall fast vollständig ausblieben. Zwar gibt es hier und da auch über solche »Fälle« Berichte, jedoch sehr viel seltener als über positive Nebenerscheinungen.

Nach diesem Verschwinden des »Ichs« herrschte in meinem Fall eine Art Schockzustand, Schrecken und Erschütterung. Auch nach diesem Geschehen setzte sich irgendeine Art von Prozess fort. Ich konnte diesen Prozess nicht mehr genau einordnen. Schließlich war das »Erwachen« bereits geschehen.

Ich gehe jetzt mit meiner Beschreibung über zu noch einem Phänomen, das bei mir in diesem Zusammenhang zu beobachten war. Ich fühlte nach dem (ich nenne es einfach) »Erwachen« insgesamt zwei Mal (direkt danach und etwa 1,5 Jahre später) eine Art Auflösung einer stark zusammengeballten Energie. Ich kann es schwer mit Worten beschreiben. Es kam zu einem Verschwinden von einem verkrusteten und verknoteten Etwas. Das für mich Unerklärliche dabei ist, dieses Empfinden war nicht nur intuitiv erfassbar, sondern sehr deutlich auch körperlich spürbar. Die erste starke Auflösung dieser Art fand in der Bauchgegend statt, während die zweite, die später folgte, sich im Bereich des Kopfes abspielte. Diese Geschehnisse hinterließen nichts als unvorstellbare Leere zurück. Auch das beglückte mich in keiner Weise. Zwar flackert ab und an ein Empfinden des

Positiven irgendwo in der Wahrnehmung. Im Allgemeinen herrscht jedoch ein Entsetzen und unterschwellige Angst oder zumindest etwas in dieser Form in meinem Gemütszustand. Es ist schwer, das Ganze konkret zu beschreiben. Denn vordergründig wird immer deutlicher und unwiderruflich klar, dass es DA nichts mehr gibt, keinen Ort, keinen Anker. Jetzt, wo ich das zu Papier bringe, kommt Angst auf. Gleichzeitig ist sichtbar, dass diese Angst nirgends hingehen kann und das erzeugt noch mehr Angst. Da ist einfach nur ein unendliches Loch ohne Boden. Wie können dabei Glücksgefühle oder Ähnliches entstehen?

Dazu kommt noch, dass ich mit diesem »Sehen« total allein bin. Klar, dass es auch keine Anderen gibt. Nur beruhigt mich diese Erkenntnis zurzeit überhaupt nicht. Erstaunlicherweise läuft bei mir, auf der Ebene der Lebensgeschichte, in den letzten zwei Jahren alles so gut wie noch nie in meinem Leben! Soll das etwa die Ironie sein? So nach dem Motto: Die Geschichte hat sich extrem verbessert, nur mit der »Erleuchtung« (oder wie auch immer man das benennen soll) kommst du jetzt nicht klar! Schlimmer noch! DICH gibt es noch nicht einmal mehr.

Ich schreibe Ihnen, lieber Herr Kruse, weil ich es (wie ich glaube) nicht mehr lange aushalte, allein damit zu sein. Ich kann mich mit niemandem darüber unterhalten. Ich habe die Befürchtung, dass ich es nicht richtig in Worte fassen könnte und es nur zu Missverständnissen führen würde. Wie soll man DAS verständlich machen? Es ist völlig unmöglich.

Da ist also dieses »Erwachen«. In meiner Beschreibung heißt das, zu erleben, dass niemand da ist, kein »Ich«, das etwas tut. Wenn Sie schreiben: »Das ›Ich‹ ist verschwunden, DICH gibt es noch nicht einmal mehr …«, dann klingt das, als wäre vorher etwas da gewesen – mehr als nur eine Illusion. Was könnte das sein?

……….. (Such-Pause) ……..

Gab es »Sie« früher? Was war das? Ist da wirklich etwas gestorben, was vorher lebendig war? In meinem Fall war klar, dass nur eine verzerrte Sichtweise weggefallen ist, die alles Erleben auf ein imaginäres Zentrum bezogen hat.

Auch das war verbunden mit dem Auflösen einer zusammengezogenen Energie, eines »verknoteten Etwas«, so wie Sie es beschreiben. Das hat einige Zeit gedauert (ich war mehr als ein Jahr lang ständig krank – was natürlich andere »Gründe« gehabt haben kann, aber sich als Geschichte gut macht). Die »Schock-Erkenntnis« löst energetische Verhärtungen auf. Die Energie verschwindet nicht, sondern wird frei, ungebunden, entwirrt. Dieser Prozess kann anscheinend einige Zeit dauern, ebenso bei den Gedanken, die ja über Jahrzehnte Muster gebildet haben. Denkgewohnheiten laufen jetzt ins Leere, wenn der Bezugspunkt fehlt, der in ihnen vorausgesetzt wurde. Diese Gedanken schlagen Alarm, weil sie die Situation nicht einordnen können, nicht in den Griff bekommen können, keinen Plan entwickeln können … ohne die Illusion, dass es ein Kontroll-Zentrum gibt. Das macht sich als Angst/Panik bemerkbar.

Dabei wird leicht übersehen, dass dieses Kontroll-Zentrum ja immer schon eine Illusion war, ein Aberglauben. Und dass es genau diese Gedanken waren, die das Leben kompliziert und schwierig erscheinen ließen – das Leben, das ja immer schon von selbst lief, ohne dass es jemals jemand im Griff gehabt hätte!

Wenn das erkannt wird, ist das sehr erleichternd – »eigentlich«. Aber diese Erleichterung kann eine Zeit lang überlagert sein von der Rest-Energie der »alten« Gedanken und Energiemuster – so wie ein Bügeleisen auch nach dem Abschalten noch eine Weile heiß/warm bleibt, bis es ganz abgekühlt ist. Die Rest-Energie zeigt sich vielleicht als Gedanke, dass etwas nicht stimmt, dass etwas fehlt. Dann erscheint die Leere als Mangel an irgendetwas, statt als Quelle aller Erscheinungen.

Erscheinungen kommen und gehen, so auch die Angst. Sie kann nirgends hingehen? Das tut sie doch oft! Sie schaut mal vorbei, dann geht sie wieder. Oder löst sich auf. Sie kommt aus der Leere und geht in die Leere und ist die Leere, so wie alles andere. Das »unendliche Loch ohne Boden« ist das pure Leben, aus dem alles kommt. Boden ist das, was Sie unter den Füßen sehen: immer da, tragfähig und zuverlässig – für den Körper. Etwas anderes braucht keinen Boden.

Sie können mir gerne jederzeit schreiben, ich antworte Ihnen auch immer gern! Kommunikation kann viel Klarheit bringen. In gewisser Weise sind Sie mit dem Sehen allein, andererseits eben auch nicht. Jede/r sieht aus demselben Nichts, als dasselbe Nichts.

Hallo Herr Kruse,

ich muss mich einfach für Ihre Rückmeldung auf meine Mail bedanken! Dass diese auch noch so schnell kam, habe ich wirklich nicht erwartet. Ich fand es genial, dass ich das erste Mal ein Feedback zu diesem Thema erhalten habe. Wow!

Während des sogenannten »Erwachens«, so wie ich es beschrieb, war tatsächlich das unmittelbare Sehen dessen, dass da nirgends irgendetwas oder irgendjemand, zwischen den phänomenalen Erscheinungen aller Art (einschließlich der Gedanken und Gefühle) und der Wahrnehmung dieser Erscheinungen, vorhanden ist. Mit diesem Sehen ohne einen Sehenden war natürlich unumstritten klar, dass es keinen freien Willen in herkömmlicher Art und kein kontrollgesteuertes Einwirken auf den Lebensverlauf geben kann. Insofern ist Ihre Frage: »Was könnte da mehr als nur eine Illusion vorher gewesen sein?«, völlig berechtigt. Natürlich nichts müsste mir einleuchtend sein. Nur war und ist es heute noch teilweise so wie Sie es beschreiben, dass die gewohnten Gedankenmuster noch verzweifelt ihre letzten Runden drehen.

Ihren Ausdruck »illusionäres Kontroll-Zentrum« finde ich irgendwie angenehm im Vergleich zu anderen Bezeichnungen wie: der Verstand, das »Ich« oder das »Ego«. Früher erweckten diese Bezeichnungen bei mir das Gefühl, nach dem Erwachen würde das Gehirn seine sämtlichen Funktionen einstellen. Oder der Charakter würde aufhören zu existieren.

Meine Beschreibung, die das »Nichtweggehen« der Angst betrifft, war tatsächlich irreführend. Gott sei Dank ist die Angst nicht statisch und erstarrt nicht zum ewigen Gebilde in der Wahrnehmung. Ich meinte damit viel mehr, dass diese Angst nichts mit sich anzufangen weiß, da es kein Futter mehr zum Analysieren, Auswerten und Zerpflücken der Situation gibt. Und die geliebten Fragen – »Warum und weshalb ist das denn jetzt so, und wie kann ich es verhindern?« – einfach überflüssig geworden sind.

Jedenfalls war die Freude über Ihre Nachricht groß. Ihre Beschreibungen empfand ich als sehr treffend. Vielen Dank! Es ist schön zu wissen, dass es da ein menschliches Wesen gibt, mit dem man zu diesem Thema in Kontakt treten und sich austauschen kann.

Wozu über Nondualität reden?

Eins ist klar: Man kann Nondualität sowieso nicht in Worte fassen. Wozu redet man dann überhaupt darüber?

Tja, was kann man überhaupt in Worte fassen? Den Geschmack einer Erdbeere? Den Anblick von Buchstaben? Wenn man Worte nicht benutzen würde, nur weil sie unzureichend sind, worüber würde man dann überhaupt noch reden? Warum gibt es Liebeslieder und Liebesgedichte, obwohl sie die Liebe, in der sie geschrieben sind, nie erfassen, sondern nur anklingen lassen?

Ein weiterer Punkt (jetzt wieder ganz prosaisch): Worte können Konzepte infrage stellen, die vielleicht die Sicht trüben und zu Verwirrung führen, solange sie nicht hinterfragt sind.

Worte können die Aufmerksamkeit darauf lenken, was hier ist und nicht in Worte gefasst werden kann.

<u>Bücher im Kruse Verlag</u>

Die Entdeckung der Ichlosigkeit

Ein Streifzug durch Sein und Nichtsein

von Peter Pfrommer

ISBN: 978-3-940569-08-0
160 Seiten, broschiert

Offensichtlich wird das Offensichtliche so gut wie nie zur Kenntnis genommen: Unsere Sichtweise der Welt als kausales Geschehen und unsere Ich-Auffassung passen einfach nicht zusammen.

Verblüffende Entdeckungen erwarten den Leser auf einem Streifzug am Rand der Welt, wo das Bild unserer selbst verschwimmt, alle vertrauten Konzepte über Bord gehen und das Niemandsland der Ichlosigkeit beginnt.

Betrachtungen zur Nondualität ohne Räucherstäbchenaroma, mit wissenschaftlicher Klarheit, humorvoller Leichtigkeit und hintergründiger Tiefe.

schon wach

Gespräche mit Nathan Gill

(Englische Originalausgabe: already awake)

ISBN: 978-3-940569-01-1
208 Seiten, broschiert

Nathan Gill weist in beständiger Klarheit darauf hin, dass alle Anleitungen, aus dem Drama der Getrenntheit zu entkommen, es in Wirklichkeit nur in Gang halten.

Mitschriften von Einzelgesprächen und Gruppentreffen bilden den Hauptteil dieses Buches. Als Einführung dient eine neue Version von Nathans Schrift »Klarheit«.

Sein – sonst nichts

Gespräche mit Nathan Gill

(Englische Originalausgabe: Being – the bottom line)

ISBN: 978-3-940569-02-8
128 Seiten, broschiert

»Spirituelle« Dialoge zielen meistens darauf ab, den Suchenden zur Erleuchtung zu führen und ihn aus der Identifikation als leidendes Individuum zu befreien.

In »Sein – sonst nichts« weist Nathan Gill aber darauf hin, dass »Erleuchtung« nur vom Ich-Standpunkt aus eine Bedeutung hat. Unsere wahre Natur ist Sein, ob das erkannt wird oder nicht: Sein ist schon alles, was es gibt, frei von jeder Notwendigkeit.

Glück ohne Schmied

Erleben ohne Ich: Das NLP-Bilderbuch

von Dittmar Kruse

ISBN: 978-3-940569-07-3
108 Seiten, Hardcover
mit 34 ganzseitigen Farbbildern

»Glück ohne Schmied« zeigt, wie Gedanken ein Ich erschaffen, das im sinnlichen Erleben nicht existiert.

Wenn die Identifikation mit dem Selbstbild endet, dann erübrigt sich auch der Versuch, das Leben in den Griff zu kriegen. Stattdessen wird sichtbar, wie sich das Leben ganz von selbst entfaltet.

Die Bilder in diesem Buch laden zu unvoreingenommenem, kindlichem Schauen ein; Experimente sprechen den Entdeckergeist an und fordern dazu auf, das Gesagte direkt im eigenen Erleben zu überprüfen.

Das Buch ist zugleich eine Einführung ins NLP jenseits der »Macher«-Klischees: Es veranschaulicht, wie Neuro-Linguistische Programme funktionieren – ganz ohne Programmierer.